काव्य दीप्ति

काव्य दीप्ति

सम्पादक

डॉ. रश्मि कृष्णन

डॉ. शैनी मैथ्यू

डॉ. प्रीता रमणी टी.ई.

वाणी प्रकाशन

वाणी प्रकाशन

4695, 21-ए, दरियागंज, नयी दिल्ली 110 002

फ़ोन : +91 11 23273167 फ़ैक्स : +91 11 23275710

शाखाएँ

अशोक राजपथ, पटना 800 004, बिहार

कॉफ़ी हाउस कैम्पस, महात्मा गांधी मार्ग, इलाहाबाद 211 001, उत्तर प्रदेश

महात्मा गांधी अन्तरराष्ट्रीय हिन्दी विश्वविद्यालय, वर्धा 442 001, महाराष्ट्र

सुल्तानिया रोड, मोतिया पार्क, भोपाल 462 001, मध्य प्रदेश

www.vaniprakashan.com
marketing@vaniprakashan.in
sales@vaniprakashan.in

Kavya Deepti

Edited by Dr. Rashmi Krishnan, Dr. Shaini Mathew, Dr. Preeta Ramani T.E.

ISBN : 978-93-89012-18-7

प्रथम संस्करण 2022

मूल्य : ₹ 65

एशियन ऑफ़सेट प्रेस, दिल्ली-110 093 में मुद्रित

वाणी प्रकाशन का लोगो मक़बूल फ़िदा हुसेन की कूची से

अनुक्रम

भूमिका

हिन्दी कविता का विकास और पड़ाव

हिन्दी कविता का विकास हिन्दी भाषा, हिन्दी जाति और अन्ततः एक भाषिक क्षेत्र होने के कारण सभी भारतीय भाषाओं के विकास से जुड़ा है। भारत के भौगोलिक तथा राजनीतिक परिवर्तनों और संस्कृति तन्त्र के अपेक्षाकृत स्थिर परन्तु विकासमान स्वरूप ने भारतीय भाषाओं के साथ हिन्दी भाषा के साहित्य को भी एक ओर सन्तुलित और दूसरी ओर विकसित किया है। विद्रोह और व्यापकता की खोज, निजता और बहुलता का सम्मान हिन्दी की विशेषता है। निर्विभक्तिक पदों का विकास, परसर्गों का प्रयोग, कृदन्तीय क्रिया रूपों के साथ संयुक्त क्रियाओं तथा सहायक क्रियाओं का प्रयोग तथा विविधता की क्रमिक वृद्धि जनतन्त्रात्मकता की ओर विकास का प्रमाण है। मध्यदेश में उत्तरी दक्षिण ी और पूर्वी तथा पश्चिमी सभी प्रकार की हवाएँ पहले से ही बह रही थीं। हर्षवर्धन की मृत्यु के बाद, पाल, गुर्जर प्रतिहार और राष्ट्रकूटों के त्रिकोणात्मक संघर्ष, एक केन्द्रीयता के स्थान पर बहु केन्द्रीयता का विकास आदि उस परिदृश्य का निर्माण करता है जिसमें से अनेक भाषाओं और बोलियों की अपनी स्वतन्त्र सत्ता के विकास के साथ ऐसे अनेक समान तत्त्वों का भी विकास होता है जो विविधता में एकता का सूत्र विकसित करती है जिससे भाषा, कला और संस्कृति का एकतान प्रवाह निर्मित होता है, जो भाषाओं के वैविध्य के बावजूद उनकी संरचना को एक बनाये रखता है। हिन्दी भाषाभाषी समूह की बनावट में भी यही तत्त्व निहित है। प्रत्येक समाज या समूह अपनी निजता, विश्वास और पहचान को बनाये रखता है और अन्ततः सामाजिक तत्त्वों का भी निर्माण करता चलता है। तद्भवीकरण और तत्समीकरण की दुहरी प्रक्रियाओं से विकासमान इस हिन्दी क्षेत्र में साहित्य और संस्कृति का विकास हुआ है।

हिन्दी साहित्य के प्रतिष्ठित इतिहासकार और आलोचक आचार्य रामचन्द्र शुक्ल ने साहित्य को जनता की चित्तवृत्तियों का संचित प्रतिबिम्ब मानकर किसी विशेष समय में लोगों में रुचि विशेष का संचार और पोषण किधर से और किस

प्रकार हुआ, इसके आधार पर कालक्रमिक दृष्टि से साहित्य के इतिहास को चार कालों में विभक्त किया है। यही चार काल मूलतः हिन्दी कविता के इतिहास के भी काल हैं।

वीरगाथाकाल (993 ई. से 1322 ई. तक)
भक्तिकाल (1322 ई. से 1743 ई. तक)
रीतिकाल (1743 ई. से 1843 ई. तक)
आधुनिककाल (1843 ई. से 1927 ई. तक–आज तक)

वीरगाथाकाल

मोटे तौर पर इसे मध्यकाल और आधुनिक काल के रूप में दो कालों में भी बाँटा जा सकता है। शुक्ल जी को आधार मानकर देखने पर यह कहा जा सकता है कि शुक्ल जी ने शिष्ट और सभ्य लोगों को ध्यान में रखकर लौकिकता और सजग भाषा विधान के आधार पर धार्मिक कर्मकाण्ड और रहस्य भावना के बजाय अनुभूति के भाषिक विधान, चरित्रों द्वारा शौर्य, प्रेम, वीरता, लौकिकता और मर्यादाओं की रक्षा को वीरगाथाकाल की कविताओं का प्रमुख आधार माना है। इस काल के जैन, सिद्ध, नाथपन्थी साधुओं की कर्मकांडीय रूढ़ अभिव्यक्तियों में उपदेशात्मकता और प्रचारात्मकता के बावजूद कुछ कविताएँ ऐसी हैं जो रचनाकारों के आन्तरिक और बाह्य संघर्ष को व्यक्त करती हैं। सामन्ती व्यवस्था के अन्तर्गत उसके प्रमुख सोपानात्मक आधार वर्णव्यवस्था से विकसित जाति व्यवस्था, छूत-अछूत प्रथा, ऊँच-नीच आदि से उत्पन्न आक्रोश और दोनों के प्रति ईश्वर की अविकल्पता आदि की अक्खड़ और भावुक अभिव्यक्तियाँ जहाँ एक ओर हिन्दी कविता के विद्रोही और लोकोन्मुखी चेतना का विकास करती हैं, जिसके अप्रस्तुत विधान विशेषतः उपमा, रूपक, विरोध, असंगति आदि समाज के निचले स्तर पर प्रयुक्त मुहावरे से लिए गये हैं, वहीं दूसरी ओर रासो और रास काव्य परम्परा का साहित्य मिलता है जिसमें एक का सम्बन्ध वीर और शृंगार प्रधान चरित्र केन्द्रित प्रबन्ध काव्य परम्परा से है, जिसकी रूढ़ियाँ संस्कृत, प्राकृत और अपभ्रंश काव्यों की रूढ़ियों से बँधी हुई हैं और जिसका उद्देश्य सामन्ती व्यवस्था के संस्कृति तन्त्र को फैलाते जाना या कम-से-कम स्थिर किये रखना तथा श्रोता या पाठक को अध्यात्म या शृंगार की रससिक्त रचनाओं से आनन्द प्रदान करना है ताकि वह अपनी व्यक्तिगत सत्ता को नितान्त अमूर्त या कल्पित अथवा प्रदत्त मूर्त सत्ता में डुबो सके। इस परम्परा का प्रसिद्ध काव्यग्रन्थ पृथ्वीराज रासो है। यद्यपि कि वह अप्रमाणित है। इसकी परम्परा भी आधुनिक काल तक

वर्णन की एक शैली के रूप में मिलती है, दूसरी परम्परा रास ग्रन्थों की है जिसमें रानियों को सामान्य स्त्री की तरह पति जो परदेश में है के वियोग में तीव्र प्रेमानुभूति और कामजन्य अनुभव की अतृप्ति से व्याकुल दिखाया गया है। इस प्रकार की कविताओं में लोकगीतों की रूढ़ियाँ, अभिव्यक्तियों और शैलियों का प्रयोग करते हुए कवियों ने विशेष और असामान्य को प्रायः सबकी वेदना और विरहानुभूति के रूप में वर्णित किया। इस प्रकार के वर्णन में ऊँच-नीच राजा-रानी के सारे भेद समाप्त हो जाते हैं और विशुद्ध प्रेमानुभूति मात्र रह जाती है। सन्देश या दूत काव्यों की परम्परा में लिखे गये नरपतिनाल्ह कृत वीसलदेव रास और अब्दुल रहमान कृत सन्देश रासक ऐसे ही काव्यग्रन्थ हैं। इसी काल के अन्त में और भक्तिकाल के प्रारम्भ में विद्यापति और अमीर खुसरो को कविताएँ मिलती हैं जिनका उद्देश्य संसार के सभी मध्य युगीन काव्यों की तरह कठोर सेंसरशिप के उस युग के धर्म, काम, नीति और राजस्तुति की अभिव्यक्ति रही है। वस्तुतः विद्यापति और अमीर खुसरो हिन्दी काव्यभाषा के विकास की दृष्टि से एक अर्थ में हिन्दी कविता के आदि पूर्वज या प्रजापति हैं। विद्यापति की पदावली में कृष्ण राधा तथा राजा और रानी के प्रेम, काम और अध्यात्म की दुहरी अभिव्यक्ति मिलती है जो कविता और अपने समय के प्रति सजगता का प्रमाण है। अमीर खुसरो ने खड़ी बोली का अपनी मुकरियों और कौवालियों में न केवल प्रयोग किया बल्कि फारसी काव्य से भावित करके एक नयी शैली भी विकसित की जो भक्तिकाल के कवियों में मिलती है—कुतुबन, मंझन और जायसी के अलावा रसखान, रहीम, बिहारी और घनानन्द में इस परम्परा का प्रभाव मिलता है।

भक्तिकाल

किसी भी देश का काव्य विदेशी भाषा और साहित्य के दबाव में खासकर प्रतिद्वन्द्विता के युग में एक चुनौती के रूप में अनेक नवीन कला रूपों और अभिव्यक्तियों का विकास करता है। हिन्दू और मुसलमानों के आपसी सम्पर्क से भक्तिकाल में सर्वोदयी और समाजवादी धाराएँ विकसित हुईं। भक्ति का उदय अपने आप में जहाँ एक ओर सामन्ती व्यवस्था के सोपानात्मक आधार को मनुष्य मात्र की समानता, सहज साधना, प्रेम से ही मनुष्य ईश्वर को प्राप्त कर सकता है, नाम साधना आदि सिद्धान्तों से चुनौती दी गयी और दूसरी ओर हिन्दुओं और मुसलमानों की सामान्य बुराइयों को भी जो विभेदात्मक थीं चुनौती दी गयी। इस काल में दो प्रकार की कविताएँ मिलती हैं। एक प्रकार के कवियों का उल्लेख आइने अकबरी आदि के अन्त में मिलता है जो प्रायः दरबारों से सम्बद्ध थे और

दरबार की रूढ़ियों तथा श्रोताओं का मनोरंजन करने के उद्देश्य से रचना करते थे। आश्रयदाता की प्रशस्ति, वीरता और साहस का वर्णन, शृंगारिकता, कलात्मकता और द्वयर्थकता इस प्रकार की कविताओं का गुण है। दूसरी ओर धार्मिक सम्प्रदायों और विश्वासों के आधार पर अपने अन्तःकरण के सुख और विस्तार, आत्मानुभूति की अभिव्यक्ति तथा सामाजिक बुराइयों के सुधार के लिए लिखी गयी हैं जो एक प्रकार से लोक जागरण की कविताएँ भी थीं। भक्तिकाल की प्रायः सभी हिन्दी कविताएँ इसी कोटि की हैं। मोटे तौर पर इतिहासकारों ने ईश्वर के निराकार और साकार रूप को केन्द्र में रखकर प्रेम और ज्ञान के प्रस्थान मार्ग को आधार मानकर निर्गुण परम्परा से सम्बद्ध कविताओं को प्रेम और ज्ञान की ओर झुकाव के आधार पर प्रेममार्गी और ज्ञानमागी यानी सूफी साहित्य और सन्त साहित्य का विभाजन किया है। साकार ईश्वर या अवतारवाद की धारणा को केन्द्र में रखकर राम और कृष्ण के आधार पर कविताओं का वर्गीकरण किया गया है।

कबीर, सूर, तुलसी, जायसी और मीरा इस युग के ऐसे कवि हैं जिन्होंने हिन्दी कविता को व्यापक मानवीय आधार और आत्मविश्वास के साथ एक प्रकार का तेवर भी प्रदान किया तथा दूसरी ओर विभिन्न बोलियों से शब्दों, रुचियों और संवेदनों को ग्रहण कर उस युग के मुहावरे के भीतर—अवधी और ब्रज को काव्यभाषा के रूप में न केवल विकसित किया बल्कि उसे संगठित किया। संस्कृत और फारसी भाषा के स्थान पर 'भाखा' को अभिव्यक्ति का माध्यम बनाया। दूसरों के सुख के स्थान पर 'स्वान्तः सुखाय' को कविता का प्रयोजन माना। इसके कारण कविता में लोक जीवन के विविध छन्दों, शैलियों और संवेदनों का प्रयोग हुआ जो पहले वर्जित था। सार्वदेशिक समकालीनता का विकास और प्रत्यय और अपने समय को परिभाषित करने का जो सजग प्रयत्न जायसी, कबीर और तुलसीदास में है, अन्यत्र दुर्लभ है। सूर का बाल वर्णन, वात्सल्य भावना, गोपियों का स्वानुभूति के आधार पर अपनी दशा और आकांक्षा की अभिव्यक्ति, मीरा को प्रेम की अनन्यता और बन्धनों तथा वर्जनाओं का निषेध आदि ने इस काल की कविताओं को एक प्रकार से समान्तर संस्थान का रूप दे डाला। इस कविता के अन्तर्निहित पद आध्यात्मिकता के बावजूद एक प्रकार की अन्तर्सामाजिकता और अन्तर्धार्मिकता प्रदान की। पद्मावत, रामचरितमानस, कबीर के सबद, रमैनी और साखियाँ, मीरा की पदावली, सूरसागर, रासपंचाध्यायी, रहीम के दोहे और बरवै, कवितावली, विनयपत्रिका, मधुमालती आदि इस काल की महत्त्वपूर्ण कृतियाँ हैं।

रीतिकाल

भक्तिकाल के अन्त में ही हिन्दी कविता में एक प्रकार की रसिकता और शृंगारिकता बढ़ने लगी थी। अकबर की नीति से उत्पन्न सुरक्षा और आश्वस्ति के माहौल में समाज के मठों, सम्प्रदायों और साहूकारों और छोटे-बड़े राजाओं में विलास और आमोद-प्रमोद, सजावट, कलात्मकता आदि की वृद्धि हुई। दूसरी राजनैतिक स्तर पर धर्म को तत्कालीन युग में सुविधा की दृष्टि से भक्तिकाल की विकसित वैयक्तिकता के तर्क से नितान्त व्यक्तिगत बना दिया गया। इस ऐहिकतावादी धारा में जो भक्तिकाल में दबी थी दरबारों की बढ़ोतरी और आमोद प्रमोद के साधनों में कवियों की मान्यता के कारण राजरुचि के अनुसार परान्तः सुखाय कविताएँ लिखी जाने लगीं, जिनका मुहावरा भक्तिकाल से नितान्त भिन्न था। इसे रीतिकाल कहा ही इसीलिए गया कि इसमें रीतिपरकता यानी लक्षणों या परिभाषाओं के प्रकाश में उदाहरण के रूप में कविता की जाने लगी। इस प्रकार की कविताएँ कवित्त, सवैया, घनाक्षरी और दोहा छन्दों में लिखी गयी हैं। परिभाषाएँ दोहे में और उदाहरण कवित्त या सवैया में हैं। नायक-नायिका भेद के ढाँचे में कभी प्रायः स्पष्ट और कभी प्रसंगों की कल्पना की दृष्टि से कविता के ढाँचे में अन्तर्निहित लिखी गयीं इन कविताओं में सीमित क्षेत्र के भीतर चमत्कार प्रदर्शन कलात्मक सौष्ठव प्रदर्शित करना था। विदग्धता इस युग की कविताओं का प्रमुख गुण है। आलंकारिकता, कलात्मकता, शृंगारिकता, कविताओं के आवश्यक लक्षण हैं। फलतः शब्दों के प्रति अतिरिक्त सजगता, अनुभूति की सूक्ष्मता और नये से नये प्रसंगों की कल्पना अनिवार्य थी। विभिन्न भावों को काव्य की कोटि तक पहुँचाकर रीतिकालीन कवियों ने काव्यभाषा ब्रज को एक प्रकार का ऐसा कला माध्यम बना दिया जिसमें प्रत्येक कवि जीविका, प्रशंसा और सम्मान के लिए काव्यसमयों और रूढ़ियों के जरिए, उसे तोड़कर कविता बनाकर आश्रयदाता या कद्रदान को खुश करके इनाम प्राप्त कर सकता था। इस कला माध्यम ने कविताओं में अनुभूति और अभिव्यक्ति विधान के स्तर पर धर्म निरपेक्ष साहित्य की सृष्टि की जिसका उद्देश्य उस युग की सामाजिक समस्याएँ नहीं बल्कि मात्र मनोरंजन और आनन्द था। प्रकृति का वर्णन सेनापति को छोड़कर उद्दीपन विभाव के रूप में ही हुआ है। नीति के दोहे जिसे कविता मानना कठिन है सन्तुलन के लिए लिखे गये हैं। इस काल के प्रसिद्ध कवियों में केशवदास, सेनापति, मतिराम, देव, बिहारी, हत पद्माकर और घनानन्द हैं। 'राधाकृष्ण' को आधार बनाकर लीलाओं के वर्णन भी कुछ प्रबन्ध काव्यों में किये

गये हैं परन्तु वे मुख्यधारा से अलग हैं। घनानन्द, आलम और बोधा इस युग के ऐसे कवि हैं जिनकी कविताओं में वैयक्तिकता मिलती है। घनानन्द ने सायास कविता रचने के बजाय कविता द्वारा स्वतः बनाये जाने का संकेत करके कविता में होने वाले परिवर्तन का संकेत किया है। भाषा में मौन की स्वीकृति और प्रेम की पीर का रीतिपरक ढाँचे के भीतर ही बिना लक्षणों की परवाह किये वर्णन ने कविता को ऐसा वैयक्तिक आयाम दिया जो बाद में छायावाद में मिलता है। सौन्दर्य, रसिकता, काम प्रवृत्ति तथा भाषिक सामर्थ्य का जैसा वर्णन इन कवियों में मिलता है वह अन्यत्र दुर्लभ है।

आधुनिक काल

मुगलकाल में ही व्यापारिक पूँजीवाद का विकास, मध्यवर्ग का धीरे-धीरे उदय, नगरीकरण की प्रवृत्ति, अंग्रेजों के आगमन से उत्पन्न नयी परिस्थिति और नयी चुनौतियाँ, रेल, डाक, तार, छापेखाने की मशीनें, शिक्षा का प्रचार प्रसार, नयी संस्कृति के कारण उत्पन्न आघात, प्रशासन की नयी व्यवस्था, ईसाई धर्म प्रचार की आवश्यकता, अंग्रेजों के लिए सांस्कृतिक तन्त्र के विकास की जरूरत जो उनकी औचित्यपरकता सिद्ध करे और प्रशासन को निचले स्तर पर मदद करे, मशीनीकरण, आदि ने हिन्दी गद्य और नयी चेतना का विकास किया। पुरातात्विक और ऐतिहासिक भाषा विज्ञान की खोजों, अतीत के प्रति बढ़ती हुई जानकारी और पढ़े-लिखे वर्ग में नये ज्ञान से उत्पन्न रोशनी ने अतीत के प्रति स्वाभिमान तथा वर्तमान के प्रति चिन्ता की भावना उत्पन्न की, जिसे पुनर्जागरण के नाम से जाना जाता है। इन सब कारणों से लगभग विस्फोट की तरह से हिन्दी गद्य विकसित हुआ। खड़ी बोली गद्य के विकास के बाद भी ब्रजभाषा काव्य भाषा बनी रही और रीतिकाल की ही परम्परा का पालन होता रहा। भारतेन्दु हरिश्चन्द्र ने ब्रजभाषा में अधिक और खड़ी बोली में कम कविताएँ लिखीं। भारतेन्दु के पूर्व का साहित्य सन्तों की कुटिया से निकलकर राजाओं और रईसों के दरबारों में पहुँच गया। जिन चेलों और महात्माओं ने काव्य में मनुष्य को देवता बनाने की शक्ति संचारित की थी, उनके चेलों ने उनके नाम पर सम्प्रदाय स्थापित किये। काव्य को देवता बनाने की शाक्ति लुप्त हो गयी, उसकी साम्प्रदायिक व्याख्याएँ शुरू हो गयीं और दूसरी ओर कवियों की दुनिया राजदरबारों की ओर खिंच गयी। भारतेन्दु ने हिन्दी साहित्य को कर्मकाण्ड और मनोविनोद से मुक्त करके राष्ट्रीयता और लौकिकता की ओर उन्मुख किया। खड़ी बोली गद्य के व्यवस्थित विकास और बढ़ते हुए प्रयोग के दबाव के कारण

खड़ी बोली में कविता लिखने का प्रचलन बढ़ा। अयोध्या प्रसाद खत्री ने संघर्ष करके इस प्रवृत्ति को स्थापित किया। उन्होंने 'मौलवी स्टाइल हिन्दी' में खड़ी बोली में फारसी छन्दों का उदाहरण दिया है। 'खड़ी बोली का पद्य पहिला' भाग में शिवप्रसाद सितारे हिन्द, भारतेन्दु और राम सोहनलाल कृत खड़ी बोली कविता के वर्णनात्मक उदाहरण हैं। श्रीधर पाठक की रचनाएँ भी 1887 ई. के आस-पास मिलती हैं। द्विवेदी युग में हिन्दी कविता खड़ी बोली में व्यापक रूप से लिखी जाने लगी। महावीर प्रसाद द्विवेदी जी मध्य युगीनता और रीतिवाद के विरोधी थे। हिन्दी भाषा को मानवीकृत करके द्विवेदी जी ने हिन्दी कविता के लिए मार्ग प्रशस्त किया। कविता में ब्रजभाषा के स्थान पर खड़ी बोली की प्रतिष्ठा, साहित्य में रीतिवाद का निष्कासन और वैज्ञानिक विचार पद्धति और बुद्धिवाद का समर्थन उनका प्रमुख योगदान है। निराला ने लिखा है कि 'खड़ी बोली का साँचा दुरुस्त हुआ मैथिलीशरण गुप्त की कविताओं से'। सरस्वती पत्रिका ने हिन्दी कविता को न केवल विकसित किया बल्कि काव्यभाषा के विकास और समृद्धि में मदद की। गयाप्रसाद शुक्ल स्नेही, रामचरित उपाध्याय, रामनरेश त्रिपाठी, रूपनारायण पाण्डे, गोपालशरण सिंह, ने खड़ी बोली में भावुकता प्रधान कविताएँ लिखकर उसे जनता में अधिक प्रचलित किया। इस युग की कविता में राष्ट्रीयता, देशवत्सलता, सुधार, लोकमंगल की भावना, जनतान्त्रिक मूल्यों की प्रतिष्ठा, दीन और दुःखी की सेवा में ईश्वर का साक्षात्कार, उपदेश और मनोरंजन मिलता है। इतिवृत्तात्मकता के कारण इन कविताओं में मानवीकृत ईश्वरत्व की अवधारणा विकसित हुई। मर्यादावादिता एक मूल्य के रूप में इस काव्य में है। मैथिलीशरण गुप्त द्विवेदी युगीन कविता के आदर्श हैं।

छायावाद

द्विवेदी युगीन नैतिकता और संकोच छायावाद के बाद टूटता है। 1930 ई. से पहले का अधिकांश छायावाद वैयक्तिक राग और अनुभूतियों पर जोर देने के बावजूद द्विवेदी युग का प्रसार ही है। आत्म प्रसार की आकांक्षा और द्विवेदी युगीन विषयनिष्ठता के स्थान पर विषयनिष्ठता छायावाद की काव्यदृष्टि की विशेषता है। पाश्चात्य साहित्य, बंगला साहित्य में रवीन्द्र का प्रभाव, सत्याग्रह युग में अन्तरात्मा की आवाज पर बल आदि ने छायावादी कविता में शक्ति, जागरण, वेदना और दुःख को अनुभूतियों के कारण हिन्दी काव्य भाषा को नये सिरे से आविष्कृत किया। प्रसाद, पन्त, निराला और महादेवी वर्मा ने कोमल और कठोर संवेदनाओं के अनुकूल भाषा को बनाया। चित्रभाषा, लाक्षणिकता, प्रतीकात्मकता,

और तत्समता छायावाद की शैलीगत विशेषताएँ हैं। इसे शब्द संस्कृति का काल कह सकते हैं। परिमल पल्लव, आँसू, कामायनी, अनामिका, तुलसीदास, यामा और दीपशिखा इस युग की विशिष्ट कृतियाँ हैं।

प्राक् प्रगतिवाद और प्रगतिवाद

छायावाद के अन्त में वैशिष्ट्य, वैयक्तिकता के और काल्पनिकता के स्थान पर सामूहिकता और सामाजिकता का प्रभाव बढ़ने लगा था। निराला ने सामाजिक विसंगतियों की ओर संकेत किया था। फलतः छायावादोत्तर काव्य में हृदयवाद के स्थान पर यथार्थोन्मुख बुद्धिवाद का विकास हुआ। 1936 ई. में प्रगतिशील लेखक संघ की स्थापना के बाद ज़िन्दगी की ठोस हकीकत को सामने रखा गया। छायावाद का अन्तर्जगत प्रगतिवाद के बहिर्जगत के दबाव में पिघल गया। छायावाद और प्रगतिवाद के मध्य में साहसपूर्ण अभिव्यक्ति और मौज मस्ती तथा फक्कड़पन की अभिव्यक्ति करने बाले नरेन्द्र शर्मा, बच्चन, दिनकर, रामेश्वर शुक्ल अंचल, बालकृष्ण शर्मा नवीन और भगवतीचरण वर्मा की कविताएँ हैं, जिनमें गोपनीयता के स्थान पर उन्मुक्तता तथा संकोच या वर्जित स्पर्श के स्थान पर साहसपूर्ण स्पर्श और स्वीकार का भाव है। ये एक अर्थ में अपराजेय संकल्प की ओर उन्मुख कविताओं वाले कवि हैं। मादकता, उल्लास, ऐन्द्रिकता, आवेग और मस्ती के साथ-साथ बातचीत की भाषा का प्रयोग इनको विशेषता है। शमशेर, बच्चन की भाषा को अज्ञेय से अधिक महत्त्व देते हैं। प्रगतिवादी कवियों ने सामाजिक यथार्थ, शोषित और सर्वहारा के वर्णन को केन्द्र में रखकर सामाजिक सच्चाई को आक्रोश और तेवर के साथ अभिव्यक्त किया। नया ख़ून, वसुधा, हंस आदि पत्रिकाएँ प्रगतिशील चेतना की वाहक बनीं। शिवमंगल सिंह सुमन, नागार्जुन, केदारनाथ अग्रवाल, त्रिलोचन, शमशेर बहादुर सिंह प्रगतिवाद के विशिष्ट कवि हैं। इनकी कविताओं में समता के मूल्य को केन्द्र में रखकर शोषक वर्ग की शोषण प्रक्रिया और शोषित वर्ग की भूख, विवशता और परिवर्तनकारी शक्ति का वर्णन मिलता है। सुमन में आक्रोश पूर्ण वक्तृत्व, नागार्जुन में पैने व्यंग्य के साथ उजागर करने या नंगा करने का भाव, केदारनाथ अग्रवाल में श्रम सौन्दर्य के साथ घर आँगन से जुड़े बिम्ब को प्रामाणिक सामाजिकता, त्रिलोचन में सामाजिक सच्चाई को सटीकता और साधक भाव से कहने की शक्ति और शमशेर में यथार्थ के मर्म को उद्घाटित करने की आश्चर्यजनक बिम्बात्मक क्षमता है। प्रगतिवादी कविताओं ने छायावादी शब्द संस्कृति को अर्थ संस्कृति की ओर मोड़ा और अपनी रूढ़ियाँ विकसित की जिससे कविता में एक प्रकार

की स्थिरता आ गयी और कवि धीरे-धीरे राजनीतिक दलों का पिछलग्गू या समय-कुसमय दिखाने लायक मुखौटा मात्र हो गया। प्रगतिवाद और प्रयोगवाद के कवि तारसप्तक (1943 ई.) में एक बिछड़ने के लिए एकत्र होते हैं और फिर राहों के अन्वेषी अपनी-अपनी राह चल देते हैं।

प्रयोगवाद और उसके बाद

'तारसप्तक' की भूमिका में परस्पर भिन्न विचारों और विचारधाराओं के लोगों के एक साथ होने का कारण प्रयोग को माना गया। विषय के बजाय वस्तु और भाषा के प्रयोग पर जोर देने के कारण ये कवि प्रयोगवादी कहलाए। समकालीनता, काव्यभाषा पर आग्रह, बिम्ब विधान, व्यक्ति को मूल्यों का स्रोत मानने की दृष्टि, काव्य की स्वायत्तता आदि को प्रयोगवाद की विशेषता बताया गया। नये प्रतीकों का आविष्कार और प्रयोग विसंगति बोध, तनावों की अभिव्यक्ति तथा अनुभूति का संप्रेषण इन कविताओं में मिलता है। अज्ञेय इसके प्रवक्ता माने गये। अज्ञेय का 'हरी घास पर क्षण भर' आधुनिकता का एक अर्थ में पहला ग्रन्थ है इस दृष्टि से प्रयोगवाद का भी पहला ग्रन्थ है। 'तारसप्तक' के बाद अज्ञेय ने 'दूसरा सप्तक', 'तीसरा सप्तक' और 'चौथा सप्तक' भी सम्पादित किये जिसमें मुक्तिबोध, शमशेर, रामविलास, भारतभूषण, नरेश मेहता, रघुवीर सहाय, सर्वेश्वर, गिरिजाकुमार माथुर, विजयदेव नारायण साही, केदारनाथ सिंह आदि की कविताएँ हैं। इसके बाहर भी अनेक कवि हैं जो इसमें नहीं हैं। प्रयोगवाद का ही विस्तार नयी कविता है। नयी कविता का मुहावरा अज्ञेय से बदला हुआ है। इसकी शुरुआत 1952 से मानी जा सकती है। स्वतन्त्रता के बाद के जीवन का मोहभंग और मनुष्य की स्थिति इन कविताओं में विशेष रूप से अभिव्यक्त है। 'बातचीत' की लय और नितान्त समकालीनता, लघुमानव की प्रतिष्ठा इसकी विशेषताएँ बतायी गयी हैं। रघुवीर सहाय, भवानी प्रसाद मिश्र, लक्ष्मीकान्त वर्मा, सर्वेश्वर, विपिन अग्रवाल, साही, कुँवर नारायण, केदारनाथ सिंह, धर्मवीर भारती, श्रीकान्त वर्मा इस दौर के प्रतिष्ठित कवि हैं। स्वाधीनता की चेतना, मनुष्य में अडिग निष्ठा और समता, न्याय और बन्धुत्व में विश्वास इन कवियों में व्यापक मानववादी मूल्यों की परिभाषा के अन्तर्गत मिलता है। प्रतीक, कल्पना, नयी कविता, क ख ग, दक्षिण भारती, युगचेतना पत्रिकाओं का प्रयोगवाद और नयी कविता तथा उसके काव्यशास्त्र के निर्माण की दृष्टि से विशेष महत्त्व है।

नयी कविता के अन्तिम दौर में नयी कविता के बिम्बवादी रूपात्मक आग्रहों के खिलाफ अकविता, युयुत्सावादी, सनातन सूर्योदयी, सहज कविता, ताजी

कविता, भूखी पीढ़ी, विद्रोही पीढ़ी आदि अनेक आन्दोलन हुए। इन आन्दोलनों के कारण सन् 1964 से 1972 के बीच में जितनी पत्रिकाएँ निकलीं उतनी किसी दौर में नहीं। इन रचनाकारों ने भाषा और विषय की स्थिरता समाप्त की और कविता अप्रयुक्त शारीरिक और राजनीतिक शब्दावली का प्रयोग किया। सामाजिक जीवन की विसंगति, विक्षोभ, हाहाकार, बेरोजगारी तथा राजनीतिक असफलता ने एक प्रकार की अराजक मनोवृत्ति विकसित की, जिस धुन्ध से अशोक वाजपेयी, धूमिल, लीलाधर जगूड़ी, सौमित्रमोहन, चन्द्रकान्त देवताले, दूधनाथ सिंह आदि कवि विकसित हुए। इन सब में धूमिल ने इस धुन्ध और शोरशराबे में से आक्रोश और सपाटपन के साथ सच को पूर्ण परिप्रेक्ष्य में सच कहने के तर्क से नया मुहावरा विकसित किया जो उनके 'संसद से सड़क तक' की कविताओं में मिलता है। वे कविता को सामाजिक संघर्ष का पर्याय मानते थे और पाखंड को नंगा करने को कविता की सार्थकता समझते थे। धूमिल के बाद हिन्दी कविता में एक प्रकार की स्थिरता आती है। राजेश जोशी, अरुण कमल, आलोक धन्वा, मंगलेश, इव्वार रब्बी, आदि कवियों की कविताएँ आती हैं जो सन्तुलित ढंग से यथार्थ के नितान्त संश्लिष्ट रूपों का जीवन सन्दर्भों के आधार पर उद्घाटन करती हैं। इस बीच में हिन्दी कविता में व्यापकता बढ़ती गयी है। उसके संवेदन का क्षेत्र आस-पास के साथ राष्ट्रीय और अन्तर्राष्ट्रीय भी हो गया है।

समकालीन कविता और उसकी प्रमुख प्रवृत्तियाँ

नयी कविता को सन्तुलित दृष्टिकोण की कविता माना जाता है। पर उसमें भी विचारधारा की केन्द्रीयता है। एक ओर वह अस्तित्ववादी विचारधारा की पकड़ में थी तो दूसरी ओर मार्क्सवादी। इन दोनों की अलग-अलग धाराएँ नयी कविता में सर्वत्र स्पष्ट हैं। अस्तित्ववाद के कारण अनिश्चितता, अस्थिरता एवं अकेलापन नयी कवित की मुख्य प्रवृत्ति बन गयी तो मार्क्सवादी विचार के कारण व्यवस्था विरोधी स्वर उभर आये। पर एक नयी व्यवस्था सम्बन्धी स्पष्ट रूप दिखायी नहीं दे रहा था। इसलिए नयी कविता वाला पूरा माहौल इस अनायत्व से आपूरित रहा। अनायत्व सचमुच आधुनिकता की देन है जिसने केन्द्रीयता की प्रासंगिकता के सामने प्रश्नचिह्न लगा दिया। यह अनायत्व यानी कि अनिश्चितता, अस्थिरता एवं अकेलापन अज्ञेय, शमशेर, कुँवर नारायण, अशोक वाजपेयी, अजित कुमार, गिरिजाकुमार माथुर जैसे कवियों की कविता में ही नहीं बल्कि नागार्जुन, मुक्तिबोध, सर्वेश्वरदयाल सक्सेना, केदारनाय अग्रवाल जैसे कवियों में भी दिखायी देते हैं। इस मानसिकता का विरोध करते हुए

अकविता का आन्दोलन शुरू होता है। 1963 में प्रारम्भ नामक काव्य संकलन का प्रकाशन हुआ। 1966 में 'अकविता' पत्रिका प्रकाशित हुई। फिर 1967 में 'विजप' और 1972 में 'निषेध'। इन काव्य-संकलनों एवं पत्रिकाओं ने मिलकर हिन्दी काव्य-जगत में अकविता को प्रतिष्ठित किया। इसके प्रमुख कवि थे—जगदीश चतुर्वेदी, गंगाप्रसाद विमल, कुमार विमल, श्याम परमार, लीलाधर जगूडी, राजकमल चौधरी, परेश, मणिका मोहिनी।

अकविता वास्तव में नयी कविता के समन्वयात्मक दृष्टिकोण के खिलाफ का विद्रोह था। इन्होंने अकविता नाम इसलिए रखा कि वे परम्परागत कविता रीति और दृष्टि को मानने के लिए तैयार नहीं थे। उनका कहना है कि अपनी कविता कविता नहीं अकविता है और हम कवि नहीं अकवि हैं। मतलब हमारी कविता कुछ अलग करनेवाली कविता है और हम कुछ अलग कहनेवाले कवि। इस अलग कहने में उनका विद्रोह शामिल है। अकवियों का विद्रोह सचमुच वर्तमान सामाजिक असंगतियों के खिलाफ ही था, पर कुछ अलग ढंग से। यानी कि नंगे यथार्थ को प्रस्तुत करते हुए उसके पति सख्त विद्रोह अश्लील लगनेवाली भाषा में जाहिर करते थे। अकविता अस्वीकृति का नवोन्मेष है। इसलिए अकविता की भाषा चौंकानेवाली है। जगदीश चतुर्वेदी का 'इतिहास हन्ता', राजकमल चौधरी का 'इस अकाल वेला में', सौमित्र मोहन का 'मुक्तिप्रसंग', गंगाप्रसाद विमल का 'सन्नाटे से मुठभेड़' इसके लिए पर्याप्त प्रमाण हैं।

अकवि सभ्य समाज को असभ्य लगनेवाली भाषा में अपना प्रतिरोध जाहिर करता है। लेकिन कमी यह है कि अकवियों का प्रतिरोध मात्र अक्षरों तक सीमित रहा और उसको व्यापक जन स्वीकृति भी नहीं मिल पायी। अकविता के समय में भी सामाजिक यथार्थ को कविता का विषय बनाते हुए साम्यवादी धारा बनी रही। नयी कविता के बाद के सशक्त काव्यान्दोलन अकविता के समानान्तर ही यह धारा चलती रही। उसे साठोत्तरी कविता कहा गया। लेकिन यह काव्यधारा भी विचारधारा केन्द्रित थी। उसकी विचारधारा नक्सलबाड़ी विचारधारा थी। धूमिल, लीलाधर जगूड़ी, वेणुगोपाल, सौमित्र मोहन, चन्द्रकान्त देवताले जैसे कवियों ने इस विचारधारा के तहत वर्तमान व्यवस्था के प्रति अपना विद्रोह जाहिर किया है। वर्तमान पूँजीवादी व्यवस्था जनसाधारण के हित की नहीं बल्कि उन्हें चूस लेने के षड्यन्त्र रचनेवाली है। इसको दूर किये बिना प्रजातन्त्रीय शासन व्यवस्था सम्भव नहीं। इसके लिए सशस्त्र क्रान्ति ही एकमात्र उपाय है। शोषक वर्ग का जड़ से उन्मूलन ही इसका मकसद रहा। लेकिन रक्तरंजित क्रान्ति को भारत जैसे अहिंसा एवं शान्ति के मन्त्रों से मण्डित देश में विजय प्राप्त करना नामुमकिन था।

इसलिए उसकी जो तीव्रता कुछ सालों तक बनी रही वह बाद में शान्त हो गयी साथ ही यह काव्यधारा।

इस प्रकार विचारधाराओं की केन्द्रीयता की प्रासंगिकता धीरे-धीरे विभिन्न सन्दर्भों के परीक्षण-निरीक्षण के उपरान्त नाकामयाब सिद्ध हो गयी। वह समकालीन कविता की विशाल भावभूमि में विलीन हो गयी। अब की समकालीन कविता में केन्द्रीयता नहीं बल्कि बहुलता है। समकालीन कवि अपनी मिट्टी के यथार्थ के विभिन्न आयामों को तलाशते हुए सचमुच सभी क्षेत्रों में अपने अपनत्व को पहचानने और उसे बनाये रखने में दत्तचित्त रहे । इसलिए समकालीन साहित्य में बहु-संस्कृतियों का सान्निध्य एवं पल्लवन दिखायी देता है। दलित, स्त्री, परिस्थिति, साम्प्रदायिकता, आदिवासी, ब्रांडसंस्कृति, उदारीकरण, विज्ञापन--इन सब क्षेत्रों की समस्याएँ कथ्य का विषय बनने लगीं। यानी कि किसी एक क्षेत्र तक कविता सीमित नहीं रही बल्कि उसमें सबको स्थान मिला। यह सचमुच समकालीनता की सबसे बड़ी विशेषता है। समकालीन कविता कोई सन्देह नहीं, प्रतिरोध की कविता है। वह वर्तमान समय की असंगतियों का पर्दाफाश करते हुए उसके प्रति अपनी असहमति जाहिर करनेवाली कविता है।

स्त्री-पक्ष कविता

यह स्त्री-विमर्श का परिणाम है। स्त्री ने पहचान लिया कि व्यक्ति के रूप में, परिवेश में तथा समाज में उसकी हैसियत क्या है? उसने समझ लिया कि कहीं भी उसकी अपनी कोई हैसियत नहीं। सब कहीं उसका शोषण-ही-शोषण हो रहा है। उसकी अस्मिता को कोई मानता नहीं। हर कहीं तिरस्कार, निन्दा एवं उपेक्षा का शिकार है वह। यह एक समझ है। यह समझ ही वर्तमान समय की स्त्री को पुरानी स्त्री से अलग करती है। यह समझ सचमुच स्त्री के देह-बोध से स्वत्व-बोध की ओर के विकास की ओर इशारा करती है। समकालीन कविता के क्षेत्रों में अनामिका (अनुष्टुप), निर्मला पुतुल (अपने घर की तलाश में), कात्यायनी (सात भाइयों के बीच चम्पा), गगन गिल, अनिता वर्मा आदि का नाम उल्लेखनीय है।

दलित कविता

दलित कविता दलित आन्दोलन की देन है। दलितों ने पहचान लिया कि वह सदियों से हाशिए पर छोड़ा गया वर्ग है। उसका हर कहीं, हर दृष्टि से शोषण हो रहा है। कहीं भी उसको मानवोचित मान्यता नहीं मिल रही है। लेकिन उन्हें भी यहाँ जीने का समान अधिकार है। किसी-न-किसी प्रकार जीने का नहीं बल्कि

अन्य लोगों के समान। इस पहचान से उद्भूत आन्दोलन है दलित आन्दोलन, उसका परिणाम है साहित्य का दलित-विमर्श। समकालीन कविता के क्षेत्र में दलित कविता का अपना अलग महत्त्व है। प्रमुख दलित कवि हैं–ओमप्रकाश वाल्मीकि (बस! बहुत हो चुका), मोहनदास नैमिशराय (सदियों का सन्ताप)।

पारिस्थितिकी

पारिस्थितिकी पारिस्थितिक सजगता का परिणाम है। लोगों ने पहचान लिया कि प्रकृति और मनुष्य के आत्मीय सम्बन्ध के बिना स्वस्थ मानव जीवन असम्भव है। इसलिए प्रकृति को सुरक्षित एवं स्वस्थ रखना अनिवार्य है। प्रकृति के अनुचित शोषण से उसका नाश होता है। प्रकृति के नाश का मतलब मनुष्य का नाश है। प्रकृति पर छिड़कनेवाली कीटनाशक वस्तुएँ मात्र प्रकृति एवं मनुष्य को नहीं बल्कि समस्त जीव-जन्तुओं को समाप्त कर डालने वाली हैं। अतः प्रकृति का अनुचित शोषण एवं रासायनिक वस्तुओं का प्रयोग दोनों को समाप्त करके प्रकृति को स्वस्थ बनाये रखना और उसके साथ आत्मिक सम्बन्ध को बनाये रखना मानवराशि के वर्तमान एवं भविष्य को स्वस्थ एवं उज्ज्वल बनाने के लिए अनिवार्य है। यह बोध ही पारिस्थितिक सजगता है। इसका असर साहित्य के क्षेत्र में पड़ा है। उसका परिणाम है साहित्य का पारिस्थितिक विमर्श। पारिस्थितिक सजगता से सम्पन्न समकालीन कवियों में प्रमुख हैं–एकान्त श्रीवास्तव (मिट्टी से कहूँगा धन्यवाद), मंगलेश डबराल (पहाड़ पर लालटेन), अज्ञेय (आँगन के पार द्वार), राजेश जोशी (धूप घड़ी), निर्मला पुतुल (अपने घर की तलाश में), ज्ञानेन्द्रपति (गंगातट), विजयशंकर चतुर्वेदी (पृथ्वी के लिए तो रुको), स्वप्निल श्रीवास्तव (मुझे दूसरी पृथ्वी चाहिए)।

उसी प्रकार इन कवियों की कविताओं में प्रतिरोध के विभिन्न आयाम खुले पड़े हैं। उन्होंने अपने समय के शोषण (साम्राज्यवादी शक्ति) को पहचान कर उसके खिलाफ भी अपना सक्रिय विद्रोह प्रकट किया है। भूमण्डलीकरण सचमुच नव उपनिवेशवादी शक्तियों की उपस्थिति है। वे कमजोर वर्ग एवं राष्ट्र के शोषण का तन्त्र चालू कर रहे हैं। इस तन्त्र को पहचानना सचमुच अपने समय को पहचानना है। जो रचनाकार इस प्रकार अपने समय की नब्ज़ को पकड़ लेता है वही समकालीन बनता है।

अतः इस समझ के कारण ये समकालीन कहने योग्य कवि बने हैं। इनकी कविताएँ अपने समय के सूक्ष्म-से-सूक्ष्मतर यथार्थों एवं सच्चाइयों से भरी हुई हैं।

धर्म की गलत व्याख्या एवं उपभोग करते हुए साम्राज्यवादी शक्तियाँ मानव-मानव के बीच में दरारें उत्पन्न ही नहीं करतीं उसको बनाये रखने के तन्त्र को बरकरार रखती हैं। इस प्रकार समकालीनता एक समझ है। अपने समय की सही समझ। जो रचनाकार इस समझ से अपनी सृजनात्मकता को साकार करता है वह समकालीन है। अर्थात् इस समय में लिखने से कोई समकालीन नहीं बनता। समकालीन वही है जो अपने समय को सही ढंग से समझे और उसकी असंगतियों के खिलाफ सार्थक प्रतिरोध जाहिर करे। इस अर्थ में ये कवि समकालीन ठहरते हैं, क्योंकि उन्होंने अपना कवि-कर्म सही ढंग से निभाया है।

कबीरदास

कबीरदास एक महान सन्त, समाज-सुधारक और क्रान्तदर्शी कवि हैं। हिन्दी की निर्गुण काव्यधारा के अन्तर्गत ज्ञानाश्रयी शाखा के आप अग्रणी कवि हैं। इन्हें सन्त-सम्प्रदाय का प्रवर्तक माना जाता है। कबीर का जन्म विक्रम संवत् 1455 (सन् 1398) के आसपास काशी में हुआ। एक किंवदन्ती के अनुसार, किसी विधवा ब्राह्मणी की कोख से इनका जन्म हुआ जिसने लोकलाज के भय से नवजात शिशु को लहरतारा तालाब के किनारे छोड़ दिया। वहाँ से नीरू और नीमा नामक जुलाहा दम्पति उसे उठाकर अपने घर ले गये। उन्होंने इस शिशु को पुत्रवत पाला।

बचपन से ही कबीर एकान्तप्रिय, चिन्तनशील और साधुसेवी स्वभाव के थे। उन्होंने जो कुछ सीखा, अनुभव की पाठशाला से सीखा। वरना कहा तो यह जाता है कि—'मसि कागद छुयो नहिं, कलम गही नहीं हाथ।' सत्गुरु रामानन्द की कृपा से उन्हें आत्मज्ञान और प्रभु-भक्ति का भाव प्राप्त हुआ। कहते हैं कबीर ने 120 वर्षों की लम्बी आयु प्राप्त की थी।

कबीर शास्त्र विरोधी थे। कहा करते थे—

पोथी पढ़ि-पढ़ि जग मुआ, पण्डित भया न कोई।
ढाई आखर प्रेम का, पढ़े सो पण्डित होई॥

कबीर की वाणी 'बीजक' नामक ग्रन्थ में संगृहीत है। इस ग्रन्थ के तीन भाग हैं—रमैनी, साखी और सबद। ये तीनों ही काव्य की अलग-अलग शैलियाँ हैं। इन शैलियों का सफल प्रयोग कबीर ने अपने 'बीजक' में किया है। 'रमैनी' का अर्थ जीव की उस दशा का वर्णन है, जिसमें वह माया के रूप से मोहित होकर उसमें लीन हो जाता है, यानी कि उसमें रमण करने

लगता है। इस माया का तिरस्कार कर ईश्वर की पहचान करने वाले को कबीर ने 'रमैनी' कहा है। 'साखी' का अर्थ होता है–प्रत्यक्ष ज्ञान अथवा साक्षी। यह दोहा शैली की रचना है। 'बीजक' की अन्तिम साखी में कबीर ने कहा है–

साखी आँखी ज्ञान की, समुझि देखु मनु मांहि।
बिनु साखी संसार का, झगड़ा छूटत नांहि॥

'सबद' शब्द से बना है, जिसका पारिभाषिक अर्थ है–परावाक्। कबीर ने 'सबद' का प्रयोग दो अर्थों में किया है–एक तो पुरातत्त्व के अर्थ में और दूसरा पद के अर्थ में।

कबीर ने गुरु को गोविन्द से भी अधिक महत्त्व दिया है। गुरु ही ज्ञान का दीपक प्रज्वलित करता है। कबीर का राम 'सगुण' या 'निर्गुण' राम से भिन्न निर्विकार और अरूप है। पति रूप में उसे ग्रहण करने पर आत्मा उसकी प्रेयसी बन जाती है। ऐसे पदों में रहस्यवाद की सृष्टि हुई है–

"हरि मोरा पीव भाई हरि मोरा पीव, हरि बिन रहि न सकै मोरा जीव।"

कबीर का मन जिस प्रेम रूपी मदिरा से मतवाला बना हुआ था वह ज्ञान के गुड़ से तैयार की गयी थी। इसलिए वहाँ अन्धश्रद्धा, भावुकता और हिस्टीरिक प्रेमोन्माद का नितान्त अभाव है।

कबीर के लिए यह कहा गया है कि वे पहले सन्त और समाज-सुधारक थे, बाद में कवि। यह बात बहुत हद तक सही भी है। कविता उनका उद्देश्य नहीं था। वे कविता के माध्यम से समाज की विकृतियों, जीवन के पाखण्ड, धर्म के आडम्बर और रूढ़िवादिता के खिलाफ वातावरण तैयार करना चाहते थे। इसीलिए उनकी वाणी से कहीं क्रोध और कही व्यंग्य के स्फुलिंग छूटते नजर आते हैं। वे बेलगाम और दो टूक बात कहा करते थे।

कबीर की भाषा 'सधुक्कड़ी' या 'खिचड़ी' भाषा थी। लेकिन उस मिश्रित भाषा का प्रभाव बड़ा जबरदस्त हुआ। कहीं-कहीं उलटबाँसी और प्रतीकों का प्रयोग साधारण भाषा को कलात्मक मोड़ भी दे देता है। कबीर की भाषा-सामर्थ्य को लक्षित करते हुए डॉ. हजारीप्रसाद द्विवेदी ने लिखा है–"भाषा पर कबीर का जबरदस्त अधिकार था। वे वाणी के डिक्टेटर थे।

जिस बात को उन्होंने जिस रूप में प्रकट करना चाहा है, उसे उसी रूप में भाषा से कहलवाया है। बन गया तो सीधे-सादे, नहीं तो दरेरा देकर। भाषा कुछ कबीर के सामने लाचार-सी नजर आती है।”

जनभाषा में अपनी बात कहने वाला यह जनकवि हिन्दी साहित्य के इतिहास में अलग पहचान बनाये हुए है।

दोहे

जाति न पूछो साधु की, पूछ लीजिए ज्ञान।
मोल करो तलवार का, पड़ा रहन दो म्यान ॥1॥

पानी केरा बुदबुदा अस मानुस की जात।
देखत ही छिप जायेगी, ज्यों तारा प्रभात ॥2॥

मालिन आवत देखिकर, कलियाँ करि पुकार।
फूले-फूले चुन लिए, कालि हमारी बार ॥3॥

ऊँचे कुल का जनमिया, करनी ऊँच न होई।
सुबरन कलस सुरा भरा, साधु निन्दै सोई ॥4॥

भली भई जो गुरु मिले, नहिंतर होती हानि।
दीपक जोति पतंग ज्यों, पड़ता पूरी जानि ॥5॥

दुर्लभ मानुस जन्म है, होइ न बारम्बार।
पाका फल जो गिरि परा, बहुरि न लागै डार॥6॥

जब मैं था हरि नाहिं, अब हरि है मैं नाहिं।
प्रेम गलि अति साँकरी, तामे दो न समाहिं ॥7॥

चकई बिछुरी रैन की, आइ मिलै परभति।
जो नर बिछुरै राम सो, न दिन मिलै न राति ॥8॥

बासरि सुख न रैनी सुख, न सुख सुपिनै माँहि।
कबीर बिछुड़े राम सों, न सुख धूप छाँहि ॥9॥

गुरु गोबिन्द दोउ खड़े, काके लाँगू पाय।
बलिहारी गुरु आपने, गोविन्द दियो बताय ॥10॥

कठिन शब्दार्थ

मोल–मूल्य; **म्यान**–तलवार रखने का (कवर) खोल; **बुदबुदा**–बुलबुला; **सुबरन**–स्वर्ण; **सुरा**–शराब; **भई**–हुई; **जानि**–जान; **पाका**–पक्का; **परा**–पड़ा; **बहुरि**–फिर; **डार**–डाल; **हरि**–ईश्वर; **साँकरी**–सँकरी; **चकई**–एक ऐसा पक्षी जो रात को बिछुड़ता है और दिन में मिलता है चकवे से; **बिछुरि**–बिछड़ना; **रैन**–रात; **आइ**–आना; **बासरि**–दिन में; **काके**–किसके।

सूरदास

सगुण भक्ति शाखा के कृष्णमार्गी भक्त सूरदास के सम्बन्ध में बहुत कम ज्ञात हो सका है। महाप्रभु वल्लभाचार्य के पौत्र गोकुलनाथ कृत 'चौरासी वैष्णवन की वार्ता' तथा सूरदास कृत 'सूरसारावली' और 'साहित्य लहरी' के आधार पर आचार्य रामचन्द्र शुक्ल ने इनका जन्म समय संवत् 1540 (सन् 1478) और मृत्यु संवत् 1620 (सन् 1589) स्वीकार किया है। कुछ विद्वान सूरदास का जन्म स्थान रुनकता (रेणुका क्षेत्र) मानते हैं। इनके माता-पिता के सम्बन्ध में प्रामाणिक रूप से कुछ नहीं कहा जा सकता। इनकी जाति पर भी मतभेद है। कुछ विद्वान इन्हें ब्रह्मभाट तथा कुछ सारस्वत ब्राह्मण मानते हैं। इसी तरह कुछ विद्वान इन्हें विवाहित और कुछ अविवाहित मानते हैं। सूरदास के अन्धत्व को लेकर भी पर्याप्त मतभेद रहा है। जन्मान्ध कवि द्वारा सांसारिक पदार्थों का ऐसा सुन्दर एवं मार्मिक चित्रण अलौकिक प्रतिभा अथवा भागवत कृपा से ही सम्भव है। हजारीप्रसाद द्विवेदी का मानना है कि सूर जन्मान्ध नहीं थे। शायद ये बाद में अन्धे हुए। प्रकृति के विविध रंग-रूपों और बालकों तथा युवक-युवतियों की विभिन्न सूक्ष्मतम मुद्राओं एवं चेष्टाओं का सूर ने जिस सूक्ष्मता से चित्रण किया है, कोई अन्धा व्यक्ति नहीं कर सकता। इतना स्पष्ट है कि संवत् 1567 में गऊघाट पर जब वे आचार्य वल्लभ से मिले थे और उनसे दीक्षा ग्रहण की थी, तब वे अन्धे थे।

सूरदास घरबार छोड़कर गाँव के बाहर पीपल के नीचे बैठकर शकुन विचार करते और भगवत भजन में लीन रहते। आगरा और मथुरा के बीच गऊघाट में निवास करते हुए इनकी भक्ति और गायन की ख्याति इतनी

फैली कि मथुरा जाते समय स्वयं महाप्रभु इनसे मिलने आये। महाप्रभु वल्लभाचार्य की आज्ञा से ये श्रीनाथ जी के मन्दिर में भजन-कीर्तन करने लगे। यहाँ की गायक मण्डली में गायक थे। ये अष्टछाप कवियों में प्रसिद्ध रहे हैं। उन सब में सूरदास का नाम सर्वोपरि रहा है। सूरदास मुख्य रूप से स्नेह, वात्सल्य, ममता और प्रेम के कवि रहे हैं। वात्सल्य रस का तो इन्हें अवतार माना गया है। सूर जैसा बाल मनोविज्ञान का ज्ञाता एवं उस अनुभव ज्ञान को गीतों में साकार करने वाला अन्य कोई कवि नहीं है। 'भ्रमरगीत' इनका सर्वश्रेष्ठ विरह एवं उपालम्भ काव्य माना गया है। 'सूरसागर', 'साहित्य लहरी' एवं 'सूरसारावली' इनकी काव्य रचनाएँ हैं।

सूरदास की अक्षयकीर्ति का आधार 'सूरसागर' है। 'सूरसागर' में सवा लाख पद थे, परन्तु उपलब्ध 'सूरसागर' में पाँच हजार पद ही मिलते हैं। इसमें कुल बारह स्कन्ध (अध्याय) हैं। सूर प्रेम के कवि हैं। बच्चे का प्रेम, माता-पिता का प्रेम, बच्चों का पारस्परिक प्रेम, बच्चे-बच्चियों का प्रेम, युवक-युवती का प्रेम, पालित-अपालित पशु-पक्षियों के प्रेम तथा प्रकृति प्रेम का चित्रण प्रस्तुत करने में सूरदास ने अपनी प्रतिभा का अनोखा परिचय दिया है। सूर रूप के कवि हैं। सूर लीला के कवि हैं। रूप और लीला का मूल प्रयोजन सूरदास प्रेम को मानते हैं। अतः प्रेम के अनेक रूप और रंग सूर के काव्य में मिलते हैं। गऊघाट पर रहते हुए ये विनय के पदों की रचना करके उन्हें गाया करते थे, जिनमें सगुण ब्रह्म की महत्ता और अपनी लघुता की बहुत ही भावप्रवण अभिव्यक्ति उन्होंने की है। पुष्टिमार्ग में दीक्षित होने के बाद सूरदास ने जिन पदों की रचना की उनके केन्द्रीय विषय वात्सल्य, सख्य और माधुर्य प्रेम के अप्रतिम उदाहरण हैं—

जसोदा हरि पालने झुलावैं
हलरावैं, दुलरावैं, मल्हावैं जोई सोई कछु गावैं।

कृष्ण जब बड़े हो गये और शरारतें करने लगे हैं तब पकड़े जाने पर बहाने बनाते हैं—

मैया मोही, मैं नहीं माखन खायो
ग्वाल-बाल बैर पड़े हैं सब, बरबस मुख लपटायो।

बच्चों के प्रति बड़ों के और बड़ों के प्रति बच्चों के सहज मानवीय प्रेम की जितनी यथार्थ और हृदयस्पर्शी अनुभूति सूर के काव्य में अभिव्यक्त हुई है, उतनी सहज और व्यापक अनुभूति अन्यत्र उपलब्ध नहीं है। बच्चा कैसे बढ़ता-पलता है, कैसे सोता-जागता है, कैसे रूठता-मचलता है, कैसे झूठ बोलता है, कैसे बहाने बनाता है, कैसे एक-दूसरे से मिलकर नित नयी शरारतें करता है, कैसे आपस में खेलता-झगड़ता है, इनके एक से बढ़कर एक हजारों मनोहर चित्र सूरदास के बाल-लीला के पदों में भरे पड़े हैं। सूरकाव्य में माधुर्य प्रेम का भी अत्यन्त विशद और व्यापक रूप देखने को मिलता है। बचपन से एक साथ खेलने-कूदने वाले बालक-बालिका जब बड़े हो जाते हैं तो उनमें आपस में कैशोर्य प्रेम की अनुभूति जगने लगती है। इसकी बड़ी ही मनोहारी झाँकी हमें पनघट लीला, दान लीला, मान लीला, रास लीला, चीरहरण लीला और भ्रमरगीत प्रसंग में मिलती है। संयोग वर्णन हो या वियोग वर्णन सूर काव्य की यह कोई क्षणिक घटना नहीं है बल्कि प्रेममय जीवन की एक गहरी एवं प्रवहमान धारा है, जिसमें डुबकियाँ लगाने वालों को दिव्य माधुर्य के अतिरिक्त और कहीं कुछ नहीं दिखाई पड़ता है। 'सूरसागर' निश्चय ही बाल-चेष्टाओं का विश्वकोश है। रसराज श्रृंगार का चित्रण लीला-पदों और भ्रमरगीत में हुआ है। सूर की गोपियों का विरह इतना मार्मिक है कि प्रकृति भी उनके साथ रोती है।

'साहित्य लहरी' में राधा-कृष्ण की लीला का वर्णन है। यह अलंकार तथा नायिका-भेद का ग्रन्थ है। इसमें अनेक दृष्टिकूट पद हैं। सूर सारावली में 1103 पद हैं। इसमें कृष्ण चरित के विविध पक्षों को उद्घाटित किया गया है। सूरदास की शक्ति का आधार उनकी भाषा है। बोलचाल की भाषा का काव्यात्मक प्रयोग सबसे पहले सूरदास में ही दिखाई देता है। सूरदास ने बोलचाल की ब्रज भाषा का प्रयोग किया है। चित्रात्मकता, बिम्बात्मकता और सहजता सूर की काव्य भाषा के अंगभूत तत्त्व हैं। शब्द-स्पर्श-रूप-रस और गन्ध के बिम्बों की भरमार सूरदास के पदों में मिलती है। ब्रजभाषा के लय और प्रवाह की, मुहावरों और लोकोक्तियों

की अक्षय निधि सूर के काव्य में पग-पग पर बिखरी दिखाई पड़ती है। हजारीप्रसाद द्विवेदी के शब्दों में, सूरदास जब अपने प्रिय विषय का वर्णन शुरू करते हैं तो मानो अलंकार शास्त्र हाथ जोड़कर उनके पीछे-पीछे दौड़ा करता है, उपमाओं की बाढ़ आ जाती है, रूपकों की वर्षा होने लगती है। पन्ने पर पन्ने पढ़ते जाइए; केवल उपमाओं और रूपकों की छटा, अन्योक्तियों का ठाट, लक्षणा और व्यंजना का चमत्कार—यहाँ तक कि एक ही चीज दो-दो, चार-चार, दस-दस बार तक दुहराई जा रही है, फिर भी स्वाभाविक और सहज प्रवाह कहीं भी आहत नहीं होता है। संगीतात्मकता सूर काव्य की एक बड़ी शक्ति है। संगीत के प्रवाह में कवि अपने साथ पाठक एवं श्रोता को बहाये ले जाता है। अतः स्पष्ट है कि सूरदास का हिन्दी काव्य जगत में महत्त्वपूर्ण स्थान है।

पद

चरण-कमल बंदो हरि राई।
जाकि कृपा पंगु गिरि लंधै, अँधे को सब कुछ दरसाई।
बहिरौ सुनै मूक पुनि बोलै, रंग चलै सिर छत्र धराई।
'सुदास' स्वामी करुणामय, बार-बार बन्दौ तेहि पाई॥

मेरौ मन अनत कहाँ सुख पावै?
जैसे उडि जहाज को पंछी, फिरि जहाज पर आवै
कमल-नैन को छाँडि महातम, और देव कौं ध्यावै?
परम गंग कौं छाँडि पियासो, दुरमति कूप खनावै?
जिहिं मधुकर अंबुज रस चाख्यौ, क्यों करील फल आवैं?
सूरदास प्रभु कामधेनु तजि, छेरी कौन दुहावै?

मैया, मैया हौं न चरैहौं गाइ।
किती सिगरे ग्वाल घिरावत मोसौं, मेरे पाँइ पिराई।
जौ न पत्याहि पूछि बलिदाउहिं, अपनी सौंह दिखाइ।
यह सुनि माइ जसोदा ग्वालिन, गारी देति रिसाइ
मैं पठवति अपने लरिका कौं, आवै मन बरराइ
सूर स्याम मेरौ अति बालक, मरत ताजि रिंगाइ ॥

कठिन शब्दार्थ

बंदौ–वन्दना करना; **जाकी**–जिसकी; **लंघै**–लाँघता है; **रंक**–गरीब; **अनत**–अन्यत्र; **दुरमति**–दुर्बुद्धि; **खनावै**–खोदना; **छेरी**–बकरी; **हौं**–मैं; **सिगरे**–समस्त; **पिराई**–थक जाना; **रिसाना**–गालियाँ देना; **पठवति**–भेजती; **बहराना**–बहलाना; **रिंगाइ**–थके हुए।

तुलसीदास

हिन्दी के सर्वाधिक लोकप्रिय कवि के रूप में तुलसीदास को जाना जाता है। समूचे भक्तिकाल में यह कवि दीपस्तम्भ-सा भासित होता है। तुलसी ने जीवन के हर पक्ष को छुआ है। वे भक्तहृदय के कण्ठहार हैं। गोस्वामी तुलसीदास का जन्म संवत् 1589 विक्रमी (सन् 1532 ई.) में उत्तर प्रदेश के बाँदा जिले के राजापुर नामक गाँव में हुआ। इनके पिता का नाम आत्माराम और माता का नाम हुलसी था—

गोद लिए हुलसी फिरै, तुलसी सो सुत होय।

तुलसी का बचपन उपेक्षा और संघर्ष में गुजरा। जब माता-पिता ने अमंगल रूप मानकर इस बालक को त्याग दिया, तब मुनिया नाम की दासी ने इसे पाला-पोसा। लोकश्रुति के अनुसार रत्नावली से विवाह तुलसी के जीवन में युगान्तरकारी साबित हुआ। भोगी तुलसी योगी तुलसी बन गये। रत्नावली के वचनबाणों ने उन्हें भीतर तक झकझोर दिया। 'अस्थि-चर्म' से हटकर उनका मन 'श्रीराम के चरणारविन्द' में लग गया।

तुलसी राम के अनन्य भक्त थे। राम में पूर्णतः रमे हुए। इनकी प्रमुख रचनाएँ हैं—रामचरितमानस, विनयपत्रिका, कवितावली, गीतावली, दोहावली, जानकी मंगल और बरवै रामायण। तुलसीदास की प्रसिद्धि का सबसे बड़ा आधार 'रामचरितमानस' है। इस काव्य को 'क्लासिक' होने का गौरव प्राप्त है। इस ग्रन्थ में कवि ने रामकथा के माध्यम से समूचे भारतीय जीवन को, समाज और संस्कृति के परिप्रेक्ष्य में साकार किया है। जीवन-मूल्यों की सृष्टि की है। 'विनयपत्रिका' में तुलसी की भक्तिभावना और दार्शनिक विचारधारा का निदर्शन हुआ है। कहा भी गया है कि भक्ति रस का जैसा

पूर्ण परिपाक विनयपत्रिका में हुआ है, वैसा अन्यत्र दुर्लभ है। इस कृति में जो द्रवित कर देने वाला आत्मनिवेदन उन्होंने प्रस्तुत किया है, वह हिन्दी साहित्य में बेजोड़ है। 'गीतावली' और 'कवितावली' में तुलसी की कोमल रागात्मक अनुभूतियों की सरस व्यंजना हुई है। ये दोनों ही कृतियाँ मार्मिक प्रसंगोद्भावना के लिए प्रसिद्ध हैं।

'रामचरितमानस' का 'पुष्पवाटिका प्रसंग' भी अत्यन्त मार्मिक बन पड़ा है। इसमें महाराज जनक के उपवन में सीता-राम का 'प्रथम मिलन' दर्शाया गया है। मर्यादित शृंगार, काव्यात्मक उत्कर्ष और मार्मिकता के कारण यह प्रसंग और इसी प्रकार 'कवितावली' के अयोध्याकाण्ड का 'वनगमन प्रसंग' भी अपनी हृदय-स्पर्शिता के लिए सर्वत्र प्रशंसित है। इस प्रसंग में राजमहल के राजकुमारों का कण्टकाकीर्ण वनपथ पर गमन, ग्रामवधुओं की भोली जिज्ञासाएँ और मुनि वेश में राम-लक्ष्मण का वर्णन भीतर तक प्रभावित करता है।

तुलसी के काव्य की अन्य महत्त्वपूर्ण विशेषताएँ हैं—समन्वय की विराट् चेष्टाएँ, भाषा की सहज मिठास, लाक्षणिकता और व्यंजकता, भक्त हृदय की निर्मलता और जीवन आदर्शों का कलात्मक निरूपण। तुलसीदास रससिद्ध कवि थे। उनका समस्त काव्य भक्ति के दिव्य रस से ओत-प्रोत है। वे मर्यादावादी थे। सबसे बड़ी बात तो यह कि वे सम्पूर्ण जीवन के चितेरे थे। आचार्य रामचन्द्र शुक्ल ने सही लिखा है कि—"मानव-प्रकृति के जितने अधिक रूपों के साथ गोस्वामी जी में हृदय का रागात्मक सामंजस्य देखते हैं, उतना अधिक हिन्दी भाषा के और किसी कवि में नहीं।" इन्हीं सब विशेषताओं के कारण यह कहा गया है कि—

> कविता कर के तुलसी न लसै।
> कविता लसि पा तुलसी की कला॥

वस्तु और शिल्प के सुन्दर सामंजस्य और सन्तुलन ने ही तुलसी को बड़ा कवि बनाया है। हिन्दी साहित्य के इतिहास में तुलसी जैसे कवि विरले हैं।

दोहे

तुलसी भरोसे राम के, निर्भय हो के सोए।
अनहोनी होनी नहीं, होनी हो सो होए ॥1॥

जड़ चेतन गुन दोषमय बिस्व कीन्ह करतार।
सन्त हंस गुन गहहिं पय, परिहरि वारि विकार ॥2॥

बिना तेज के पुरुष की अवशि अवज्ञा होय।
आगि बुझे ज्यों राख को आप छुवै सब कोय ॥3॥

तुलसी इस संसार में भाँति भाँति के लोग।
सबसे हँस मिल बोलिए, नदी नाव संजोग ॥4॥

दया धर्म का मूल है, पाप मूल अभिमान।
तुलसी दया न छोड़िए, जब लग घट में प्राण ॥5॥

लसी पावस के समय, धरी कोकिलन मौन।
अब तो दादुर बोलिह, हमें पूछिह कौन ॥6॥

तुलसी देखि सुवेसु भूलहि मूढ़ न चतुर नर।
सुन्दर के किहि पेखु बचन सुधा सम असन अहि ॥7॥

तुलसी साथी विपत्ति के विद्या विनय विवेक।
साहस सुकृत सुसत्यव्रत राम भरोसे एक ॥8॥

दीरघ रोगी दारिदी कटु वचन लोलुप लोग।
तुलसी प्रान समान तऊ तुरत त्यागिबे जोग ॥9॥

होई भले के अनभलो, होई दानि के सूम।
होई कपूत सपूत के, ज्यौं पावक में धूम ॥10॥

कठिन शब्दार्थ

करतार–ईश्वर; **गहहिं**–ग्रहण करना; **पय**–दूध; **परिहरि**–छोड़ देना; **वारि**–पानी; **विकार**–अलग करना; **अवशि**–अवश्य; **घट**–शरीर; **पावस**–वर्षा ऋतु; **सुवेसु**–जिसने अच्छा वेष धारण किया है; **किहि**–किसका; **असन**–भोजन; **अहि**–साँप; **अनभलो**–बुरा, अहित; **सूम**–कृपण, कंजूस; **पावक**–आग; **धूम**–धुआँ।

रहीम

भक्तिकालीन हिन्दी कविता की सगुण-धारा में आचार्य शुक्ल ने जिन कुछेक कवियों को 'फुटकल' रचनाकारों की श्रेणी में रखकर उनकी चर्चा अपने इतिहास ग्रन्थ में की है। उनमें से एक प्रमुख नाम रहीम का है। यों तो मुगल बादशाह अकबर के दरबार में अनेक उच्चकोटि के हिन्दी कवि हुए हैं किन्तु इन सब में से श्रेष्ठ अब्दुर्रहीम खानाखाना थे। वे अकबर के अभिभावक और सेनापति बैरम खाँ के पुत्र थे। इनका जन्म सं. 1610 में हुआ तथा वे प्रसिद्ध कवि अमीर खुसरो की ही भाँति तुर्की, फारसी, अरबी और संस्कृत भाषाओं के अधिकारी विद्वान एंव हिन्दी काव्य के सामाजिक कवि थे। कलम और तलवार के समान रूप से धनी रहीम अपने जीवनकाल में ही दानशीलता, परोपकारिता तथा परदुखकातरता जैसे अपने व्यक्तिगत गुणों के कारण अपने समय के दानी कर्ण माने जाते थे। गंग कवि को इन्होंने एक बार छत्तीस लाख रुपये दे डाले थे।

अकबर के प्रधान सेनापति तथा मन्त्री रह चुके रहीम बादशाह जहाँगीर के समय में भी दरबार में नियुक्त थे। अपने जीवन में इन्होंने अनेक उतार-चढ़ाव देखे थे। एक बार जहाँगीर ने, किसी कारणवश इनसे रुष्ट होकर, इन्हें बन्दी बना लिया था। बन्दीगृह से छूटने के बाद इन्हें आर्थिक तंगी का सामना करना पड़ा, किन्तु अपने व्यक्तिगत अभावों के स्थान पर इन्हें अपने द्वार से खाली हाथ, निराश लौटने वाले याचकों की दशा पर अधिक दुःख होता था। इसी स्थिति का वर्णन वे अपने दोहों में करते हैं—

तबही लौं जीबों भलो दबौ होय न धीम।
जग में रहिबौ कुंचित गति उचित न होय रहीम॥

ये रहीम दर-दर फिरै, माँगि मधुकरी खाहिं।
यारो यारी छाँड़िए, अब रहीम वे नाहिं ॥

इसलिए इनके दोहों के दोष और गुण बहुत स्पष्ट झलकते हैं। संस्कृत कवि भर्तृहरि के श्लोकों की भाँति उनमें जीवन की अनुभूति, सच्चाई और सम्पत्तिमद विह्वल लोगों के हृदय का यथार्थ चित्रण मिलता है। कहते हैं कि अपनी आर्थिक तंगी के दिनों में ही जब एक याचक ने उनसे आर्थिक सहायता की प्रार्थना की तो उन्होंने एक दोहा लिखकर उसे रीवा नरेश के पास भेज दिया था। वह दोहा था–

चित्रकूट में रमि रहे, रहिमन अवध नरेस।
जापर विपदा परति है, सो आवत यहि देस ॥

इसे पढ़कर रीवा नरेश ने याचक को एक लाख रुपये दिये थे। स्वयं गोस्वामी तुलसीदास जी भी इन्हें स्नेह करते थे। ऐसी जनश्रुति है कि एक बार एक ब्राह्मण तुलसीदास के पहुँचा। तब उन्होंने यह पंक्ति–'सुरतिय नरतिय नागतिय यह चाहत सब कोय।' लिखकर उसे रहीम के पास भेजा तो रहीम ने उस ब्राह्मण को पर्याप्त धन देकर उपर्युक्त अधूरे दोहे को इस प्रकार पूरा कर दिया–'गोद लिये हुलसी फिरै तुलसी सौं सुत होय।'

मुगल सेना का नेतृत्व करने वाले रहीम ने अनेक युद्धों में विजय प्राप्त की थी, परन्तु जीवन के अनेक मोर्चों पर भी वे गहरे अनुभव अर्जित कर पाये थे। इसीलिए इन विविध अनुभवों के मार्मिक पक्ष को ग्रहण करने की भावुकता से ये परिपूर्ण रहे हैं मानसिक उदारता, सांस्कृतिक विशालता तथा धार्मिक सहिष्णुता से प्राप्त संवेदन को व्यंजित करने वाले रहीम के दोहे जन-जन के मुँह पर बसे हैं। इस क्षेत्र में निश्चय ही वे तुलसी के समकक्ष सिद्ध होते हैं। जीवन के अनेक घात-प्रतिघातों, राजकीय षड्यन्त्रों की उठा-पटक और हर प्रकार के उतार-चढ़ावों को सहकर भी रहीम का मन मानवता के रस से निःशेष नहीं हुआ। यही कारण है कि उनके दोहों में हमें कोरी उपदेशात्मकता और निपट नीतिपरकता नहीं मिलती है।

भाषा के क्षेत्र में रहीम को तुलसी-सा ही अधिकार प्राप्त है। उन्होंने बरवै, कवित्त, सवैया, सोरठा और पद जैसे छन्दों में भी काव्य रचना की है।

अब तक रहीम द्वारा लिखे—रहीम दोहावली, बरवै नायिका-भेद, मदनाष्टक, शृंगार सोरठा, रास पंचाध्यायी—ग्रन्थ माने जाते रहे हैं; किन्तु भरतपुर निवासी पंत दयाशंकर जी यज्ञिक ने इनकी—नगर शोभा, फुटकल बरवै तथा फुटकल कवित्त सवैया—रचनाओं का भी पता लगाया है। 'रहीम काव्य' हिन्दी और संस्कृत भाषाओं की मिश्रित रचना है तो 'खेट कौतुकम्' नामक ज्योतिष ग्रन्थ संस्कृत और फारसी भाषा में है। इसी प्रकार उन्होंने कुछ संस्कृत श्लोकों की रचना भी की है।

इस प्रकार प्रसिद्ध रामभक्त तुलसीदास का समकालीन और कलम तथा तलवार का समान रूप से धनी यह श्रेष्ठ मानव संवत् 1683 में अपनी इहलीला समाप्त कर मध्ययुगीन हिन्दी कविता पर अपनी अमिट छाप छोड़ जाने में सफल हुआ।

दोहे

जो घर ही में घुसि रहे कदली सुपत सडौल।
तो रही तिनते भले पथ के अपत करील ॥1॥

काज परै कछु और है काज सरै कछु और।
रहिमन भँवरी के भए, नदी सिरावत मौर ॥2॥

जो रहीम ओछो बड़ै, तो अति ही इतराय।
प्यादे सों फरजी भयो, टेढ़ो टेढ़ो जाय ॥3॥

रहिमन वे नर मर चुके जो कहुँ माँगन जाहिं।
उनते पहले वे मुए, जिन मुख विकसत नाहिं ॥4॥

पावस देखि रहीम मन, कोइल साधे मौन।
अब दादुर बकता भए, हमाके पूछे कौन ॥5॥

कौन बड़ाई जलधि मिलि, गंग नाम भो धीम।
केहि की प्रभुना नहीं घटि, पर घट गये रहीम ॥6॥

रहिमन आँसुआ नयन ढरि, जिय दुख प्रगट करेइ।
जाहि निकारो गेह तो, कस न भेइद कहि देइ ॥7॥

मान सहित विष खायके संभु भए जगदीश।
बिना मान अमृत पिए, राहु कटायो सीस ॥8॥

दुरदिन परे रहीम कहि, भूलन सब पहचानि।
सोचन नहीं बित हानि कौ, जो न होय हित हानि ॥9॥

देनहार कोउ और है भेजत सो दिन रैन।
लोग भरम हम पै धरें, याते नीचे नैन ॥10॥

कठिन शब्दार्थ

सुपत सुडौल–सुन्दर चिकन पत्ते; **तिनते**–इनसे; **परै**–पड़ने पर; **काज**–काम; **काज सरै**–काम निकल जाने पर; **भँवरी**–फेरे पड़ने पर; **सिरावत**–बहा करना; **ओछो**–नीच, छोटा आदमी; **इतराय**–इठलाना; **प्यादा**–आदमी, मुहरा; **फरजी**–मन्त्री; **विकसत**–निकलना; **दादुर**–मेढक; **घटि**–कम हुई; **घट**–घर; **ढरि**–लुढ़कना; **जिय**–दिल; **निकारो**–निकालो; **कस**–क्यों; **भेइद**–रहस्य; **संभु**–शिव; **वित्त**–पैसे; **हित**–मित्र; **देनहार**–देनेवाला; नीचे **नैन**–आँखें विनम्रता से झुकना।

सुमित्रानन्दन पन्त

छायावाद के सुकुमार कवि पन्त का जन्म अल्मोड़ा जिले के कौसानी नामक पर्वतीय ग्राम में 20 मई सन् 1900 में हुआ था। जन्म के छह महीने बाद ही इनकी माताजी का देहावसान हो गया। इनके बचपन का नाम गोसाईंदत्त पन्त था। शिशु अवस्था से ही प्रकृति क्रोड में पलने के कारण इनकी कविताओं में प्रकृति के बहुरंगी चित्र मिलते हैं। प्रकृति इनको प्रिया, माँ, सहचरी तथा सखी सभी रूपों में आकर्षित करती रही।

काव्य-जीवन के प्रारम्भ में आप छायावाद से जुड़े, तदनन्तर मार्क्सवाद एवं गाँधीवाद के अन्तर्बाह्य संयोजन में अपनी वैचारिक भूमि तलाशते रहे। जीवन के सन्ध्याकाल में वे अरविन्द चेतना की ओर मुड़ गये। इस प्रकार सुन्दर से प्रारम्भ इनकी यात्रा शिव का संस्पर्श करती हुई सत्य के घाट जा लगी। 'लोकायतन' नामक महाकाव्य पर इन्हें साहित्य अकादमी तथा 'चिदम्बरा' पर इन्हें भारतीय ज्ञानपीठ का पुरस्कार मिला था। कुछ समय तक इन्होंने 'रूपाभ' पत्रिका का सम्पादन किया था। पन्त जी ने 'कल्पना' नामक फिल्म के लिए गीत भी लिखे थे।

पन्त प्रकृति को मानव सहचरी के रूप में देखते हैं और उसमें अनन्त प्रेरणाएँ पाते हैं। पन्त जी की प्रारम्भिक रचनाओं में प्रकृति का सहज सौन्दर्य-स्फुरण मिलता है। उनकी स्वदेश प्रेम सम्बन्धी चेतना का स्वरूप सांस्कृतिक है और अपने देशप्रेम के भावों को उन्होंने सांस्कृतिक जागरण की आशंका से मण्डित किया। उसमें केवल क्षणिक आवेश नहीं बल्कि स्थायी मनोभाव है। 'ग्राम्य' और 'युगवाणी' में पन्त की कई देशप्रेम पूर्ण कविताएँ मिलती हैं और 'भारत माता ग्रामवासिनी' गीत की भावव्यंजना अपने ढंग की अनूठी है। अपने खण्डकाव्य 'ग्रन्थि' में उन्होंने उन्मुक्त-प्रेम की विफलता का चित्रण किया है।

नौका विहार

शान्त, स्निग्ध, ज्योत्स्ना उज्जवल!
अपलक अनन्त, नीरव भू-तल!
सैकत-शैय्या पर दुग्ध-धवल, तन्वंगी गंगा, ग्रीष्म-विरल,
लेटी है श्रान्त, क्लान्त, निश्चल!
तापस-बाला-सी गंगा, निर्मल, शशि-मुख से दीपित मृदु-करतल,
लहरें उर पर कोमल कुन्तल।
गोरे अंगों पर सिहर-सिहर, लहराता तार-तरल सुन्दर
चंचल अंचल-सा नीलाम्बर।
साड़ी की सिकुड़न-सी जिस पर, शशि की रेशमी-विभा से भर,
सिमटी हैं वर्तुल, मृदुल लहर!

चाँदनी रात का प्रथम प्रहर,
हम चले नाव लेकर सत्वर।
सिकता की सस्मित-सीपी पर मोती की ज्योत्स्ना रही विचर,
लो, पालें चढ़ीं, खुला लंगर।
मृदु मन्द-मन्द, मन्थर-मन्थर, लघु तरणि, हंसिनी-सी सुन्दर
तिर रही, खोल पालों के पर।
निश्चल-जल के शुचि-दर्पण पर बिम्बित हो रजत-पुलिन निर्भर
दुहरे ऊँचे लगते क्षण भर।
कालाकाँकर का राजभवन, सोया जल में निश्चिन्त, प्रमन,
पलकों पर वैभव-स्वप्न सघन।

नौका से उठतीं जल-हिलोर,
हिल पड़ते नभ के ओर-छोर।
विस्फारित नयनों से निश्चल कुछ खोज रहे चल तारक दल
ज्योतित कर नभ का अन्तस्तल,
जिनके लघु दीपों को चंचल, अंचल की ओट किये अविरल
फिरतीं लहरें लुक-छिप पल-पल।
सामने शुक्र की छवि झलमल, पैरती परी-सी जल में कल
रुपहरे कचों में ही ओझल।
लहरों के घूँघट से झुक-झुक दशमी का शशि निज तिर्यक्-मुख
दिखलाता, मुग्धा-सा रुक-रुक।

अब पहुँची चपला बीच धार,
छिप गया चाँदनी का कगार।
दो बाँहों-से दूरस्थ-तीर धारा का कृश कोमल शरीर
आलिंगन करने को अधीर।
अति दूर, क्षितिज पर विपट-माला, लगती भ्रू-रेखा-सी अराल
अपलक-नभ नील-नयन विशाल,
माँ के उर पर शिशु-सा, समीप, सोया धारा में एक द्वीप,
ऊर्मिल प्रवाह को कर प्रतीप,
वह कौन विहग? क्या विकल कोक, उड़ता, हरने निज विरह शोक?
छाया की कोकी को विलोक।

पतवार घुमा, अब प्रतनु-भार
नौका घूमी विपरीत-धार।
डाँड़ों के चल करतल पसार, भर-भर मुक्ताफल फेन-स्फार,
बिखराती जल में तार-हार।
चाँदी के साँपों-सी रलमल नाचतीं रश्मियाँ जल में चल
रेखाओं-सी खिंच तरल-सरल।

लहरों की लतिकाओं में खिल, सौ-सौ शशि, सौ-सौ उडु झिलमिल
फैले फूले जल में फेनिल!
अब उथला सरिता का प्रवाह, लग्गी से ले-ले सहज थाह
हम बढ़े घाट को सहोत्साह!

ज्यों-ज्यों लगती है नाव पार
उर में आलोकित शत विचार!
इस धारा-सा ही जग का क्रम, शाश्वत इस जीवन का उद्‌गम,
शाश्वत है गति, शाश्वत संगम।
शाश्वत नभ का नीला-विकास, शाश्वत शशि का यह रजत-हास,
शाश्वत लघु-लहरों का विलास!
हे जग-जीवन के कर्णधार! चिर जन्म-मरण के आर-पार,
शाश्वत जीवन-नौका-विहार।
मैं भूल गया अस्तित्व-ज्ञान, जीवन का यह शाश्वत-प्रमाण
करता मुझको अमरत्व-दान।

कठिन शब्दार्थ

स्निग्ध–चिकना; **सैकन**–रेतीला; **तन्वंगी**–दुबली-पतली अंगों वाली; **श्रान्त**–थका हुआ; **कुन्तल**–घुँघराले बाल; **विभा**–किरण; **वर्तुल**–गोल; **लंगर**–Anchor; **तरणि**–नौका; **पाल**–वह कपड़ा जो नाव के मस्तूल में बाँधा जाता है, ताकि उस पर पड़ने वाली हवा के दबाव से नाव तेजी से चले; **निर्भर**–टेढ़ा; **विस्फारित**–अच्छी तरह से खोला या फैलाया हुआ; **अराल**–वक्र, टेढ़ा; **प्रतनु**–दुबला-पतला; **डाँड़**–नाव खेने का बल्ला, चप्पू, लग्गी (वह बाँस जिसे नदी के तल तक पहुँचाकर उसके जोर से नाव चलाना है); **स्फार**–जो फैल या फूलकर बड़ा हो गया हो।

रामधारी सिंह 'दिनकर'

हिन्दी के सुविख्यात कवि रामधारी सिंह दिनकर का जन्म 23 सितम्बर 1908 ई. में सिमरिया, जिला मुँगेर (बिहार) में एक सामान्य किसान रवि सिंह तथा उनकी पत्नी मनरूप देवी के पुत्र के रूप में हुआ था। रामधारी सिंह दिनकर एक ओजस्वी राष्ट्रभक्ति से ओतप्रोत कवि के रूप में जाने जाते थे। दिनकर के पिता एक साधारण किसान थे और जब दिनकर दो वर्ष के थे, तब उनका देहावसान हो गया। परिणामतः दिनकर और उनके भाई-बहनों का पालन-पोषण उनकी विधवा माता ने किया। दिनकर का बचपन और कैशोर्य देहात में बीता, जिस कारण प्रकृति की सुषमा का प्रभाव दिनकर के मन में बस गया।

1928 में मैट्रिक के बाद दिनकर ने पटना विश्वविद्यालय से 1932 में इतिहास में बी.ए. ऑनर्स किया। बी.ए. ऑनर्स करने के बाद अगले ही वर्ष एक स्कूल में यह प्रधानाध्यापक नियुक्त हुए, पर 1934 में बिहार सरकार के अधीन इन्होंने सब-रजिस्ट्रार का पद स्वीकार कर लिया। लगभग नौ वर्षों तक वह इस पद पर रहे और उनका समूचा कार्यकाल बिहार के देहातों में बीता तथा जीवन का जो पीड़ित रूप उन्होंने बचपन से देखा था, उसका और तीखा रूप उनके मन को मथ गया। फिर तो ज्वार उमड़ा और रेणुका, हुंकार, रसवन्ती और द्वन्द्व गीत रचे गये। 1947 में जब देश स्वाधीन तो वह बिहार विश्वविद्यालय में हिन्दी के प्राध्यापक व विभागाध्यक्ष नियुक्त होकर मुजफ्फरपुर पहुँचे। 1952 में उन्हें राज्यसभा का सदस्य चुना गया और वह दिल्ली आ गये। भारत सरकार ने उन्हें 1965 से 1971 ई. तक अपना हिन्दी सलाहकार नियुक्त किया।

दिनकर के प्रथम तीन काव्य-संग्रह प्रमुख हैं—'रेणुका' (1935 ई.), 'हुंकार' (1938 ई.) और 'रसवन्ती' (1939 ई.)। 'रेणुका' में अतीत के गौरव के प्रति कवि का सहज आदर और आकर्षण परिलक्षित होता है। पर साथ ही वर्तमान परिवेश की नीरसता से त्रस्त मन की वेदना का परिचय भी मिलता है। 'हुंकार' में कवि अतीत के गौरव-गान की अपेक्षा वर्तमान दैन्य के प्रति आक्रोश प्रदर्शन की ओर अधिक उन्मुख जान पड़ता है।

'रसवन्ती' में कवि की सौन्दर्यान्वेषी वृत्ति काव्यमयी हो जाती है पर यह अँधेरे में ध्येय सौन्दर्य का अन्वेषण नहीं, उजाले में ज्ञेय सौन्दर्य का आराधन है।

इन मुक्तक काव्य संग्रहों के अतिरिक्त दिनकर ने अनेक प्रबन्ध काव्यों की रचना भी की है, जिनमें 'कुरुक्षेत्र' (1946 ई.), 'रश्मिरथी' (1952 ई.) तथा 'उर्वशी' (1961 ई.) प्रमुख हैं। 'कुरुक्षेत्र' में महाभारत के शान्ति पर्व के मूल कथानक का ढाँचा लेकर दिनकर ने युद्ध और शान्ति के विशद, गम्भीर और महत्त्वपूर्ण विषय पर अपने विचार भीष्म और युधिष्ठर के संलाप के रूप में प्रस्तुत किये हैं। दिनकर के काव्य में विचार तत्त्व इस तरह उभरकर पहले कभी नहीं आया था।

1955 में नीलकुसुम दिनकर के काव्य में एक मोड़ बनकर आया। उनका काव्य आवेश का काव्य था, नीलकुसुम ने नियन्त्रण और गहराइयों में पैठने की प्रवृत्ति की सूचना दी। छह वर्ष बाद उर्वशी प्रकाशित हुई, हिन्दी साहित्य संसार में एक ओर उसकी कटु आलोचना और दूसरी ओर मुक्तकण्ठ से प्रशंसा हुई। कवि ने इस वैदिक मिथक के माध्यम से देवता व मनुष्य, स्वर्ग व पृथ्वी, अप्सरा व लक्ष्मी तथा काम-अध्यात्म के सम्बन्धों का अद्भुत विश्लेषण किया है। राष्ट्रकवि रामधारी सिंह 'दिनकर' ने हिन्दी साहित्य में न सिर्फ वीर रस के काव्य को एक नयी ऊँचाई दी, बल्कि अपनी रचनाओं के माध्यम से राष्ट्रीय चेतना का भी सृजन किया।

मशहूर कवि प्रेम जनमेजय ने 'भाषा' के साथ बातचीत में कहा, "आजादी के समय और चीन के हमले के समय दिनकर ने अपनी कविताओं के माध्यम से लोगों के बीच राष्ट्रीय चेतना को बढ़ाया।" दिनकर को वर्ष 1959 में साहित्य अकादमी पुरस्कार से नवाजा गया।

पद्मभूषण से सम्मानित दिनकर को वर्ष 1972 में ज्ञानपीठ सम्मान भी दिया गया। 24 अप्रैल, 1974 को उनका देहावसान हो गया। दिनकर ने अपनी ज्यादातर रचनाएँ 'वीर रस' में कीं। इस बारे में जनमेजय कहते हैं, "भूषण के बाद दिनकर ही एकमात्र ऐसे कवि रहे, जिन्होंने वीर रस का खूब इस्तेमाल किया। वह एक ऐसा दौर था, जब लोगों के भीतर राष्ट्रभक्ति की भावना जोरों पर थी। दिनकर ने उसी भावना को अपने कविता के माध्यम से आगे बढ़ाया। वह जनकवि थे इसीलिए उन्हें राष्ट्रकवि भी कहा गया।"

समर शेष

ढीली करो धनुष की डोरी, तरकस का कस खोलो,
किसने कहा, युद्ध की वेला चली गयी, शान्ति से बोलो?
किसने कहा, और मत वेधो हृदय वह्नि के शर से,
भरो भुवन का अंग कुंकुम से, कुसुम से, केसर से?

कुंकुम? लेपूँ किसे? सुनाऊँ किसको कोमल गान?
तड़प रहा आँखों के आगे भूखा हिन्दुस्तान।

फूलों के रंगीन लहर पर ओ उतरनेवाले।
ओ रेशमी नगर के वासी! ओ छवि के मतवाले।
सकल देश में हालाहल है, दिल्ली में हाला है,
दिल्ली में रौशनी, शेष भारत में अंधियाला है।

मखमल के पर्दों के बाहर, फूलों के उस पार,
ज्यों का त्यों है खड़ा, आज भी मरघट-सा संसार।

वह संसार जहाँ तक पहुँची अब तक नहीं किरण है
जहाँ क्षितिज है शून्य, अभी तक अंबर तिमिर वरण है
देख जहाँ का दृश्य आज भी अन्तरूस्थल हिलता है
माँ को लज्ज वसन और शिशु को न क्षीर मिलता है

पूज रहा है जहाँ चकित हो जन-जन देख अकाज
सात वर्ष हो गये राह में, अटका कहाँ स्वराज?

अटका कहाँ स्वराज? बोल दिल्ली! तू क्या कहती है?
तू रानी बन गयी वेदना जनता क्यों सहती है?
सबके भाग्य दबा रखे हैं किसने अपने कर में?
उतरी थी जो विभा, हुई बंदिनी बता किस घर में

समर शेष है, यह प्रकाश बंदीगृह से छूटेगा
और नहीं तो तुझ पर पापिनी! महावज्र टूटेगा

समर शेष है, उस स्वराज को सत्य बनाना होगा
जिसका है ये न्यास उसे सत्वर पहुँचाना होगा
धारा के मग में अनेक जो पर्वत खडे हुए हैं
गंगा का पथ रोक इन्द्र के गज जो अड़े हुए हैं

कह दो उनसे झुके अगर तो जग मे यश पायेंगे
अड़े रहे अगर तो ऐरावत पत्तों से बह जायेंगे

समर शेष है, जनगंगा को खुल कर लहराने दो
शिखरों को डूबने और मुकुटों को बह जाने दो
पथरीली ऊँची जमीन है? तो उसको तोडेंगे
समतल पीटे बिना समर कि भूमि नहीं छोड़ेंगे

समर शेष है, चलो ज्योतियों के बरसाते तीर
खण्ड-खण्ड हो गिरे विषमता की काली जंजीर

समर शेष है, अभी मनुज भक्षी हुँकार रहे हैं
गांधी का पी रुधिर जवाहर पर फुंकार रहे हैं
समर शेष है, अहंकार इनका हरना बाकी है
वृक को दंतहीन, अहि को निर्विष करना बाकी है

समर शेष है, शपथ धर्म की लाना है वह काल
विचरें अभय देश में गाँधी और जवाहर लाल

तिमिर पुत्र ये दस्यु कहीं कोई दुष्काण्ड रचें ना
सावधान हो खडी देश भर में गाँधी की सेना
बलि देकर भी बलि! स्नेह का यह मृदु व्रत साधो रे
मन्दिर औ' मस्जिद दोनों पर एक तार बाँधो रे

समर शेष है, नहीं पाप का भागी केवल व्याध
जो तटस्थ हैं, समय लिखेगा उनके भी अपराध

कठिन शब्दार्थ

समर–युद्ध; **शेष**–बाकी; **वेला**–समय; **हालाहल**–कोलाहल; **झगड़ा**–फसाद; **अंबर**–आसमान; **तिर्मिर**–अँधेरा; **वेदना**–दुख; **विभा**–रोयानी; **बंदीगृह**–जेल; **वृक**–राक्षस या भेड़िया; **दंतहीन**–बिना दाँतों का; **अहि**–साँप; **निर्विष**–बिना विष का।

धर्मवीर भारती

दूसरे सप्तक (1951) के सुप्रसिद्ध कवि धर्मवीर भारती (1926-1997) का जन्म इलाहाबाद में 25 दिसम्बर सन् 1926 को हुआ। इलाहाबाद में अपनी शिक्षा पूरी करने वाले कवि को साहित्यिक प्रतिभा वहाँ के साहित्य-समृद्ध परिवेश से प्राप्त हुई। एम.ए. में जगदीश गुप्त, गिरधर लाल गोपाल इनके सहपाठी थे। अपनी स्नातकोत्तर शिक्षा के दौरान ही ये 'संगम' नामक पत्रिका के उपसम्पादक बन गये थे। तत्पश्चात् एक वर्ष तक हिन्दुस्तानी अकादमी में उपसचिव भी रहे। फलतः साहित्य जगत के साथ सक्रिय जुड़ाव ने उन्हें ऐसी रचनात्मक ऊर्जा प्रदान की कि वे हिन्दी साहित्य में बहुमुखी प्रतिभासम्पन्न रचनाकार के रूप में उभरे। कविता, कहानी, नाटक, निबन्ध, आलोचना, उपन्यास, रिपोर्ताज, अनुवाद आदि विविध विधाओं को उन्होंने अपनी लेखनी से समृद्ध किया है। सन् 1960 में ये हिन्दी की प्रतिष्ठित पत्रिका 'धर्मयुग' के सम्पादक भी नियुक्त हुए थे। उन्हें 1972 ई. में पद्मश्री और 1990 ई. में 'भारत-भारती' सम्मान प्राप्त हुआ।

'ठण्डा लोहा', 'सात गीत वर्ष', 'कनुप्रिया' एवं 'सपना अभी भी' उनके उल्लेखनीय काव्य-संग्रह हैं। सन् 1952 में प्रकाशित 'ठण्डा लोहा' उनका प्रारम्भिक काव्य-संग्रह है जो 'कैशोर भावुकता' से भरा पड़ा है। इसमें सन् 1946 से 1952 के बीच लिखी गयी कविताएँ हैं जिसमें कवि के भावुक प्रेम के आवेगों और स्वप्नों को अभिव्यक्ति मिली है। डॉ. बच्चन सिंह के अनुसार—"उनकी मुख्य प्रवृत्ति रोमानी है। 'अन्धा युग' को छोड़कर प्रायः सर्वत्र रोमांस का प्राधान्य दिखाई पड़ता है।" कवि प्रेम को पाप नहीं मानता—'महज इससे किसी का प्यार/मुझ पर पाप कैसे हो'? इस संग्रह की रचनाओं में जहाँ एक ओर प्रेम की उद्दाम भावनाओं को अभिव्यक्ति

क्या जाने
सच्चाई टूटे हुए पहियों का आश्रय ले!
मोह क्या इसी का करूँ?
क्रध, अभिमान का?
इसको भी माँगते हो?
ले जाओ!

कठिन शब्दार्थ

दुरूह–कठिन; **अक्षैहिणी**–चतुरंगिणी सेना; **निहत्थी**–बिना हथियार की।

सूर्यकान्त त्रिपाठी 'निराला'

ओजस्विता, दार्शनिक गम्भीरता तथा राष्ट्रीय भावनाओं के उदात्त स्वर उठाकर हिन्दी कविता को नवीन आयाम पर ला खड़ा करने का श्रेय सूर्यकान्त त्रिपाठी 'निराला' जी को ही है। उनके बहुमुखी व्यक्तित्व तथा प्रतिभा ने साहित्य के जिस अंग को भी स्पर्श किया उसे चरमोन्नति तक पहुँचा दिया। भावुकता तथा पौरुष के अद्‌भुत समन्वय वाले 'निराला' जी का व्यक्तित्व अन्य छायावादियों की तुलना में सर्वाधिक गरिमामय था। जीवन की विपरीत परिस्थितियों से निरन्तर जूझने वाले 'निराला' ने स्वयं आत्मपरिचय देते हुए लिखा है–"मेरे पास एक कवि की वाणी, कलाकार के हाथ, पहलवान की छाती और दार्शनिक के पैर हैं।" महाप्राण निराला जी का जन्म सन् 1898 ई. की वसन्त-पंचमी के दिन हुआ। बंगाल के महिषादल राज्य के कर्मचारी अपने पिता पं. रामसहाय जी के अत्यन्त कठोर और क्रूर अनुशासन में रहकर उन्होंने राज्य की ओर से व्यवस्थित बांग्ला, संस्कृत एवं अंग्रेजी भाषाओं के अतिरिक्त बांग्ला संगीत की शिक्षा प्राप्त की।

अपने समकालीन अन्य सभी छायावादी कवियों की तरह प्रकृति के उपादानों को प्रतीक रूप में देखने की छायावादी प्रवृति निराला जी में भी थी। अपनी एक कविता में वे बादल से 'झूम-झूम मृदु गरज-गरज घनघोर राग अमर अम्बर में भर निज रोर' की प्रार्थना करते हैं तो दूसरी कविता में बादल को विप्लव का प्रतीक मानते हुए उससे कृषक का कष्ट दूर करने का अनुरोध करते हैं। उनकी स्वदेश-प्रेम सम्बन्धी चेतना का स्वरूप सांस्कृतिक है। अपने प्रसिद्ध गीत 'भारति जय विजय करे' में प्रकृति सौन्दर्य पर आधारित भारतमाता का एक सर्वांगीण चित्र वे प्रस्तुत करते हैं। देश के प्राचीन सांस्कृतिक गौरव का निरन्तर ध्यान करने वाले निराला का हृदय

वर्तमान भारत की आर्थिक विपन्नता से दुखित हुआ और उन्होंने अपने एक गीत में यह कामना भी व्यक्त की कि भारत की ऐश्वर्य देवी जागे और उसकी दृष्टि भारत के भीतर के व्यवसाय में ही नहीं, बल्कि बाहर भी जाये, समस्त संसार में फैले।

काव्य-संकलन—परिमल, बेला, नये पत्ते, अनामिका, अणिमा, गीतिका, अपरा, तुलसीदास, अर्चना, आराधना।

कहानी-संकलन—लिली, सुकुल की बीवी, चतुरी चमार और सखी।

उपन्यास—अलका, अप्सरा, चमेली, चोटी की पकड़, निरुपमा, प्रभावती, उच्छृंखल।

रेखाचित्र—कुल्ली भाट, बिल्लेसुर बकरिहा।

निबन्ध—प्रबन्ध पद्य, प्रबन्ध प्रतिमा, प्रबन्ध परिचय, रवीन्द्र काननकुसुम।

भिक्षुक

वह आता--
दो टूक कलेजे को करता, पछताता
पथ पर आता।

पेट पीठ दोनों मिलकर हैं एक,
चल रहा लकुटिया टेक,
मुट्ठी भर दाने को--भूख मिटाने को
मुँह फटी पुरानी झोली का फैलाता--
दो टूक कलेजे के करता पछताता पथ पर आता।

साथ दो बच्चे भी हैं सदा हाथ फैलाये,
बायें से वे मलते हुए पेट को चलते,
और दाहिना दया दृष्टि-पाने की ओर बढ़ाये।
भूख से सूख ओठ जब जाते
दाता-भाग्य विधाता से क्या पाते?
घूँट आँसुओं के पीकर रह जाते।
चाट रहे जूठी पत्तल वे सभी सड़क पर खड़े हुए,
और झपट लेने को उनसे कुत्ते भी हैं अड़े हुए !

ठहरो! अहो मेरे हृदय में है अमृत, मैं सींच दूँगा
अभिमन्यु जैसे हो सकोगे तुम
तुम्हारे दुख मैं अपने हृदय में खींच लूँगा।

कठिन शब्दार्थ

दो टूक–टुकड़े; **लकुटिया**–लाठी।

अनामिका

अनामिका जी का जन्म 17 अगस्त, 1961 को मुजफ्फरपुर, बिहार में हुआ।

दिल्ली विश्वविद्यालय से अंग्रेजी में एम.ए., पीएच.डी. किया। समकालीन हिन्दी कविता की चर्चित कवयित्रियों में शामिल की जाती हैं वे। अंग्रेजी की प्राध्यापिका होने के बावजूद हिन्दी कविता कोश को समृद्ध करने में उन्होंने कोई कसर बाकी नहीं छोड़ी है।

रचनाएँ : गलत पते की चिट्ठी, बीजाक्षर, अनुष्टुप, खुरदुरी हथेलियाँ, कविता में औरत, दूब-धान (कविता-संग्रह); पोस्ट वॉर विमेन पोएट्स, डन-क्रिटिसिज्म डाउन द एजिज़, स्त्रीत्व का मानचित्र, वेयर किंगफिशर्स कैच फायर (आलोचना); मन माँजने की जरूरत, पत्थर जो पानी पीता है (निबन्ध); अवान्तर कथा, दस द्वारे का पींजरा, तिनका तिनके पास (उपन्यास); कहती हैं औरतें (सम्पादित कविता संग्रह)।

सम्मान : राष्ट्रभाषा परिषद् पुरस्कार, भारतभूषण अग्रवाल पुरस्कार, गिरिजाकुमार माथुर पुरस्कार, ऋतुराज सम्मान, साहित्यकार सम्मान।

सम्प्रति : रीडर, अंग्रेजी विभाग, सत्यवती कॉलेज, दिल्ली विश्वविद्यालय, दिल्ली।

नमक

नमक दुःख है धरती का और उसका स्वाद भी!
पृथ्वी का तीन भाग नमकीन पानी है
और आदमी का दिल नमक का पहाड़
कमजोर है दिल नमक का
कितनी जल्दी पसीज जाता है!
गड़ जाता है शर्म से
जब फेंकी जाती हैं थालियाँ
दाल में नमक कम या जरा तेज होने पर!

वो जो खड़े हैं न–
सरकारी दफ्तर–
शाही नमकदान हैं

बड़ी नफासत से छिड़क देते हैं हरदम
हमारे जले पर नमक!

जिनके चेहरे पर नमक है
पूछिए उन औरतों से–
कितना भारी पड़ता है उनको
उनके चेहरे का नमक!

जिन्हें नमक की कीमत करनी होती है अदा–
उन नमकहलालों से
रंज रखता है महासागर!

दुनिया में होने न दीं उन्होंने क्रान्तियाँ,
रहम खा गये दुश्मनों पर!

गाँधी जी जानते थे नमक की कीमत
और अमरूदों वाली मुनिया भी!

दुनिया में कुछ और रहे-न-रहे
रहेगा नमक-
ईश्वर के आँसू और आदमी का पसीना–
ये ही वो नमक है जिससे
थिराई रहेगी ये दुनिया।

कठिन शब्दार्थ

पसीज–पिघल जाना; **नफासत**–बड़ी सुन्दरता से; **हरदम**–हर पल।

पवन करण

पवन करण हिन्दी काव्य जगत के, हिन्दी कविता के वर्तमान विकास-पथ के अमिट हस्ताक्षर हैं। मध्य प्रदेश के ग्वालियर में जन्मे पवन करण ने पीएच.डी. की उपाधि प्राप्त की। अब तक पवन करण के चार काव्य-संग्रह निकले हैं। 'इस तरह मैं' उनका प्रथम काव्य-संग्रह है। 'स्त्री मेरे भीतर' पवन करण का दूसरा काव्य-संग्रह है जो बहुचर्चित एवं पुरस्कृत रचना है। 'अस्पताल के बाहर टेलीफोन' उनका तीसरा काव्य-संग्रह है जिसे 'स्त्री मेरे भीतर' के समान व्यापक लोकप्रियता मिली है। 'कहना नहीं आता' पवन करण का अद्यतन काव्य-संग्रह है।

पवन-करण की कविता वर्तमान जन-जीवन का आँखों देखा विवरण है। अपने आसपास के परिवेश से, नित्य जीवन के प्रकरणों से, काव्य-सत्ता को समृद्ध करने की अद्भुत क्षमता पवन करण में है। जीवन के हर क्षण में, हर चाल-चलन में वे कविता को तलाशते नजर आते हैं। अतः उनकी कविता किसी दायरे में बन्द कविता नहीं। जीवन के जिन प्रसंगों को हम अनदेखा करते हैं, पवन की कविता में उनकी सूक्ष्म काव्याभिव्यक्ति है। पवन करण की पैनी दृष्टि आसपास के, रोजमर्रा के जीवन के विभिन्न आयामों पर पड़ती है, उन्हें तूलिका से भर देती है। विषय चयन के समान पवन करण का अभिव्यक्ति-पक्ष भी सहज, सरल एवं पठनीय है। पवन की कविता जनसाधारण के जीवन सरोकारों की व्याख्या है, इसलिए उनकी भाषा भी जनसाधारण की है।

भरोसा

भरोसा
अब भी मौजूद है दुनिया में
नमक की तरह

अब भी

पेड़ों के भरोसे पक्षी
सब कुछ छोड़ जाते हैं

बसन्त के भरोसे वृक्ष
बिलकुल रीत जाते हैं

बरसात के भरोसे बीज
धरती में समा जाते हैं

पतवारों के भरोसे नाव
संकट लाँघ जाती है

अनजान पुरुष के पीछे
सदा के लिए स्त्री चल देती है।

कठिन शब्दार्थ

मौजूद–उपस्थित, **पतवार**–नाव चलाने वाला चप्पू; **संकट**–मुश्किल।

चूल्हा

इसकी आग में मैं अपना
इतिहास बाँचता हूँ

लोग इसे सिर्फ चूल्हा समझते हैं
मेरी नजरों में इसकी तौल
घर के पुरखे के बराबर है

यह जब जलता है तब बुझते हैं
इसके बुझने पर, पेट जल उठते हैं

गृहिणी और इसके बीच एक जरूरी रिश्ता
साफ-साफ देखा जा सकता है

इसमें आग और कोठरी में धान
हमेशा भरी रहे सभी चाहते हैं

इसका एक रहना बिरादरी में
घर की साख होती है
बँटना होता है

बन्द मुट्ठी का खुल जाना
इसकी राख में मुझे अपनी
भूख मिलती है।

कठिन शब्दार्थ

रिश्ता–सम्बन्ध; **साख**–इज्जत।

कात्यायनी

जन्म : 7 मई 1959

शिक्षा : एम.ए., एम.फिल.(हिन्दी)

विगत 24 वर्षों से विभिन्न पत्र-पत्रिकाओं में राजनीतिक-सामाजिक-सांस्कृतिक विषयों पर स्वतन्त्र लेखन। लगभग सात वर्षों तक 'नवभारत टाइम्स' और 'स्वतन्त्र भारत' की संवाददाता के रूप में भी काम किया।

सम्प्रति : स्वतन्त्र लेखन।

कविताएँ हिन्दी की अधिकांश पत्र-पत्रिकाओं में प्रकाशित। कुछ कविताएँ अंग्रेजी, पंजाबी, मराठी, गुजराती में अनूदित-प्रकाशित। आधा दर्जन कहानियाँ प्रकाशित।

रचनाएँ : चेहरों पर आँच; सात भाइयों के बीच चम्पा; इस पौरुषपूर्ण समय में; जादू नहीं कविता; फुटपाथ पर कुर्सी; राख अँधेरे की बारिश में (कविता संकलन); दुर्ग द्वार पर दस्तक षडयन्त्ररत् मृतात्माओं के बीच कुछ जीवन्त, कुछ ज्वलन्त; प्रेम, परम्परा और विद्रोह (निबन्ध) प्रकाशित।

समकालीन भारतीय स्त्री कवियों के पेंगुइन द्वारा प्रकाशित संकलन 'इन देयर ओन वॉयस' में कविताएँ शामिल।

क्रान्तिकारी वामपन्थी राजनीति से अनुप्राणित सामाजिक सक्रियता, सांस्कृतिक मोर्चे व नारी मोर्चे के साथ-साथ मजदूर मोर्चे पर भी सक्रिय।

औरत और घर

औरत और घर
कविगण कहते रहे घर के बारे में
बहुत मासूम और कोमल
प्यार भरी बातें,
शताब्दियों-सहस्राब्दियों से रचते रहे वे
ऋचाएँ, गीत और कविताएँ
घर लौट चलने, घर में होने,
कचोटते दिल से घर से बाहर जाने
और घर की उदासी भरी यादों के बारे में।
वहाँ एक औरत रहती रही
घर को हिफाजत के साथ घर बनाए हुए,
उसे भूतों का डेरा बनने से जतनपूर्वक बचाते हुए,
घर में सुरक्षापूर्वक
होने का अहसास वह एक
बेहद नशीली शराब की तरह पीती रही।
वहाँ गैस थी, मिक्सी और मसालदानी थी,
सिंक, वाशबेसिन,
सैनिफ्रेश-ओडोनिल और मेहँदी थी,
नहाने-कपड़े धोने के साबुन,
सिंगारदान, झाड़, कुर्सियाँ-दिवान, कैलेंडर, पेंटिंग्स
स्वर्गीय पिताजी की माला सजी तस्वीर

और शादी के समय की
उसकी अपनी तस्वीर पति के साथ।
बिस्तर था, बच्चे थे,
बेडस्विच से जलने वाला नीला बल्ब भी था,
शब्दकोश भी कई थे और कविताओं की पुस्तकें भी।
एकदम भरा-पूरा था घर,
हृदय की पूरी उदारता और विशालता के साथ उसने
अपना लिया था औरत को प्यार से,
अपना एक हिस्सा बना लिया था।
एक सख्त अनुशासनप्रिय अभिभावक भी था घर,
लगातार पीछा करता था,
जब भी औरत निकलती थी बाहर सड़क पर।
जानता था वह, औरत का आना सड़क पर
खतरनाक होता है औरत के लिए
और पूरे समाज के लिए भी।
जादूगर था घर—देखते ही देखते
अपने ठोस वजूद को उसूल में बदल लेता था,
जिन्दा और बेजान चीजों के समुच्चय के बजाय
संस्कार और मूल्य बन जाता था
और फिर पलक झपकते ही
पहले जैसा बन जाता था
जैसा कि
लोग देखते-जानते हैं उसे
आम तौर पर।
मसखरा भी था शायद घर,
औरत के सपने में दूसरे रूप धरकर आता था
और उसे डराता था—
आता था कभी वह उचाट पठारी मैदान बनकर,

रेत का टीला बनकर
या चट्टानों की तरह लुढ़कता था
इधर-उधर।
दफ्तर में भी बना रहता था वह
जच्चाघर और रसोईघर की तरह ही
साथ-साथ औरत के।
घर का एक टुकड़ा होने का अहसास लिए
जो औरत थी–

बस, उसने एक ही मासूम-सा सवाल किया था
एक दिन अचानक कि
औरत क्या एक घर के बिना भी हो सकती है
फिर क्या कोई और भी चौहद्दी हो सकती है
सखपूर्वक रहने-खाने-जीने के लिए
घर के अलावा
जिसमें रहते हुए औरत औरत बनी रहे और
घर घर भी बना रहे,
यानी वह न हो घर का हिस्सा,
बल्कि उसकी एक बाशिंदा हो?
बस इतनी-सी बात हुई थी कि
उसका पासपोर्ट जब्त कर लिया गया
और दुनिया के हर घर की
नागरिकता के लिए उसे अयोग्य घोषित कर
दिया गया।
घर से अलग होकर
एक लम्बा सफर तय किया औरत ने
पागलखाने तक का। लेकिन आश्चर्य!
आखिरकार उसे क्षमादान मिल ही गया।

उसने पाया कि यह भी एक घर था
तीमारदारी, चौकसी
और हिदायतों के साथ,
फर्क सिर्फ इतना था कि
यह उनका घर था
जिनके लिए दुनिया में नहीं था
कोई और घर!

कठिन शब्दार्थ

मसखरा–जोकर, मज़ाकिया; **चौहद्दी**–चारदीवारी; **जब्त**–जबर्दस्ती ले लेना।

उदय प्रकाश

उदय प्रकाश का जन्म 1 जनवरी, 1952 को मध्य प्रदेश में स्थित शहडोल जिले के सीतापुर गाँव में हुआ। आपकी प्राथमिक शिक्षा सीतापुर में पूर्ण हुई। आपने सागर विश्वविद्यालय से विज्ञान में स्नातक की उपाधि स्वर्णपदक सहित प्राप्त की। हिन्दी में स्नातकोत्तर उपाधि प्राप्त की। 1975 से 1976 तक आप जवाहरलाल नेहरू विश्वविद्यालय में शोध छात्र रहे। आप हिन्दी साहित्य जगत में एक चर्चित कवि, कथाकार, पत्रकार और फिल्मकार के रूप में प्रसिद्ध हैं। उदय प्रकाश शुरुआती कई नौकरियों के बाद लम्बे अरसे से लेखन की स्वायत्तशासी दुनिया से जुड़े हैं। आपकी लगभग समस्त भारतीय भाषाओं में रचनाएँ अनूदित हैं। इनकी कई कहानियों के नाट्य रूपान्तर और सफल मंचन हुए हैं। 'उपरान्त' और 'मोहनदास' के नाम से आपकी कहानियों पर फीचर फिल्में भी बन चुकी हैं। जिन्हें अन्तरराष्ट्रीय सम्मान मिल चुके हैं। उदय प्रकाश स्वयं भी कई टी.वी. धारावाहिकों के निर्देशक व पटकथाकार रहे हैं। उनकी प्रमुख रचनाएँ इस प्रकार हैं–

1. **कविता संग्रह :** सुनो कारीगर, अबूतर कबूतर, रात में हारमोनियम, एक भाषा हुआ करती है, कवि ने कहा।

2. **कथा-साहित्य :** दरियाई घोड़ा, तिरिछ, दत्तात्रेय के दुख, पॉलगोमरा का स्कूटर, अरेबा परेबा, और अन्त में प्रार्थना, मोहनदास, मैंगोसिल, पीली छतरीवाली लड़की, राम सजीवन की प्रेमकथा, दिल्ली की दीवार।

3. **निबन्ध और आलोचना :** ईश्वर की आँख, नयी सदी का पंचतन्त्र, तेरी मेरी बात (साक्षात्कार संग्रह)

पुरस्कार : भारतभूषण अग्रवाल पुरस्कार, ओमप्रकाश सम्मान, श्रीकान्त वर्मा पुरस्कार, मुक्तिबोध सम्मान, द्विजदेव सम्मान, वनमाली सम्मान, पहल सम्मान, रूस का प्रतिष्ठित अन्तरराष्ट्रीय पुश्किन सम्मान, कृष्णबलदेव वैद सम्मान, साहित्य अकादेमी पुरस्कार।

पिता

पिता
झाड़-झंखाड़, घाटियों और पत्थरों से भरे
चटियल मैदान थे।
पिता सागौन, शीशम, बबूल, तेंदुओं और हिरनों से भरे
बीहड़ थे।

बचपन में अक्सर
किसी ऊँचे टीले पर चढ़ कर
मैं आस-पास के गाँवों में
ललकार दिया करता था।

नाके के पार
शहर तक में
पिता का रौब था।
एक-एक इमारत पर
उनकी कन्नियाँ सरकी थीं।
एक-एक दीवर पर
उनकी उँगलियों के निशान थे।
हर दरवाजे के काठ पर
उनका रन्दा चला था।

नाके के इस पार
जहाँ से गाँव की वीरानगी शुरू होती है
हर खेत की कठोर दाती पर
पिता अपनी कुदाल
धँसा गये थे।
हल की हर मूठ पर
उनकी घट्ठेदार हथेलियों की छाप थी।
हर गरियार बैल के पुट्ठों पर
उनके डण्डे के दाग थे...

बचपन में
पिता के कन्धे पर बैठ कर
मैं बाजार घूमने जाता था।

पिता पहाड़ की तरह
चलते भीड़ के बीच
उनके कन्धे पर मैं
जंगली तोते की तरह बैठा रहता।

बाद में पिता
गायब हो गये
कहते हैं खेत, कुदाल,
बैल, इमारतें, ईंटें, दरवाजे, बाजार
उन्हें पचा गये।

मुझे लगता है
उस चटियल मैदान
के भीतर (जो पिता थे)

जमीन की दूसरी-तीसरी पर्तों में।
सरकता हुआ कोई
नम सोता भी था
जो मेहनत करते
पिता की देह के अलावा
कभी-कभी मेरी आँखों से भी
रिसने लगता था।

कठिन शब्दार्थ

चटियल–सपाट; **बीहड़**–जंगल; **वीरानगी**–सन्नाटा।

केदारनाथ सिंह

केदारनाथ सिंह का जन्म 7 जुलाई 1934 को चकिया (बलिया) उत्तर प्रदेश में हुआ। इनका बचपन सहज सुख-सुविधाओं में व्यतीत हुआ। इनके पिता सक्रिय राजनीतिक कार्यकर्ता थे। अखबार नियमित पढ़ते थे, संगीत में काफी रुचि रखते थे। केदारनाथ सिंह की आरम्भिक शिक्षा गाँव में ही हुई। हाई स्कूल से एम.ए. तक की शिक्षा वाराणसी में हुई। उदय प्रताप कॉलेज तथा हिन्दू विश्वविद्यालय, बनारस से एम ए. करने के पश्चात आधुनिक हिन्दी कविता में बिम्ब विधान विषय पर सन् 1964 में पीएच.डी. की उपाधि प्राप्त की।

यदि इनके आरम्भिक प्रयास को छोड़ दिया जाये तो विधिवत एवं व्यवस्थित रूप से 1952-53 के आसपास लिखना शुरू किया। सन् 1954 में पाल एलुआर की प्रसिद्ध कविता 'स्वतन्त्रता' का अनुवाद किया। इस प्रकार नयी सौन्दर्य दृष्टि और समकालीन काव्य चेतना से इनका प्रथम परिचय हुआ। कुछ समय तक बनारस से निकलने वाली अनियतकालिक पत्रिका 'हमारी पीढ़ी' से भी ये सम्बद्ध रहे। इनका पहला कविता संग्रह 'अभी बिल्कुल अभी' सन् 1960 में प्रकाशित हुआ। केदारनाथ सिंह तीसरा सप्तक के सहयोगी कवियों में से एक हैं।

केदारनाथ सिंह व्यवसाय से अध्यापक रहे हैं। इनके कार्यक्षेत्र का प्रसार ठेठ ग्रामांचल से महानगर तक का है। ये उदय प्रताप कॉलेज, वाराणसी; सेंट एण्ड्रूज कॉलेज गोरखपुर; उदित नारायण कॉलेज; पड़रौना तथा गोरखपुर विश्वविद्यालय से सम्बद्ध रहे। सन् 1976 से जवाहरलाल नेहरू विश्वविद्यालय, नयी दिल्ली में कार्य किया। 'साखी' नामक अनियतकालिक पत्रिका का सम्पादन कार्य भी किया।

काव्य पाठ के लिए इन्होंने अमेरिका, रूस, कज़ाकिस्तान आदि देशों की यात्राएँ भी कीं। इन्हें अनेक पुरस्कारों से सम्मानित किया गया है। साहित्य अकादमी पुरस्कार भी इनको प्राप्त हुआ है। इसके साथ ही इन्हें मैथिलीशरण गुप्त सम्मान (मध्य प्रदेश), कुमारन आशान पुरस्कार (केरल), दिनकर पुरस्कार (बिहार) तथा जीवन भारती सम्मान (उड़ीसा) भी प्राप्त हुए हैं। इनकी कविताओं के अनुवाद अंग्रेजी, स्पैनिश, रूसी, जर्मन, हंगेरियन के साथ ही सभी प्रमुख भारतीय भाषाओं में हुए हैं।

प्रमुख कृतियाँ : 'अभी बिल्कुल अभी', 'जमीन पक रही है', 'यहाँ से देखो', 'अकाल में सारस', 'उत्तर कबीर और अन्य कविताएँ', बाघ (लम्बी कविताएँ) आदि इनके विविध तथा प्रमुख काव्य संग्रह हैं। 'कल्पना और छायावाद' गद्य साहित्य से सम्बन्धित रचनाएँ हैं। 'मेरे समय के शब्द' प्रमुख गद्य रचना है। 'आधुनिक हिन्दी कविता में बिम्ब विधान' इनका शोधग्रन्थ है।

19 मार्च, 2018 को 83 वर्ष की आयु में नयी दिल्ली में इनका निधन हो गया।

बबूल के नीचे सोता बच्चा

बबूल के नीचे
एक बच्चा सो रहा है
एक बासी रोटी
एक टिन का डिब्बा
एक खाली टोकरी सो रही है
बबूल के नीचे
माँ अभी सोहनी में व्यस्त है

ऊपर काँटे दे रहे थपकियाँ
नीचे माटी झुला रही है उसे

दिल्ली से कह दो
हरिकोटा से कह दो
दुनिया के सारे राडारों से कह दो
एक अभी-अभी बना
अन्तरिक्षयान सो रहा है
बबूल के नीचे

नहीं...नहीं...
अभी उल्टी गिनती शुरू मत करो
अभी उड़ने में देर है
माँ अभी व्यस्त है सोहनी में

दूध अभी गरम हो रहा है
पसीने की आँच पर
बनिहारी अभी मिलेगी
छह घण्टे बाद...

कठिन शब्दार्थ

सोहनी–निराई की क्रिया।

डॉ. ए. अरविंदाक्षन

प्रकाशित रचनाएँ

कविता संकलन : बाँस का टुकड़ा, घोड़ा, आसपास, सपने सच होते हैं, राग लीलावती, असंख्य ध्वनियों के बीच, भरा-पूरा घर, पतझड़ का इतिहास, राम की यात्रा, जंगल नजदीक आ रहा है।

आलोचना (हिन्दी) : महादेवी वर्मा के रेखाचित्र, अज्ञेय की उपन्यास-यात्रा, आधारशिला, समकालीन हिन्दी कविता, कविता का थल और कल, कविता सबसे सुन्दर सपना है, रचना के विकल्प, साहित्य, संस्कृति और भारतीयता, समकालीन कविता की भारतीयता, प्रेमचन्द : भारतीय कथाकार, कविता की संस्कृति, शब्द की यात्रा।

सम्पादन : आधुनिक मलयालम कविता, आकलन, कम्पेरिटिव इंडियन लिटरेचर, कथाशिल्पी गिरिराज किशोर, कवितयुटे पुतिय मुखम्, बहुरंगी कविताएँ, कविता का यथार्थ, निराला : एक पुनर्मुल्यांकन, प्रेमचन्द के आयाम, महादेवी वर्मा, नागार्जुन, कविता अज्ञेय, हमारे समय में मुक्तिबोध, साइंस कम्युनिकेशन, कविता आज, आलोचना और संस्कृति, बुनियादी तालीम, विवेकत्तिन्टे सौन्दर्यम्, एम.के. सानुविन्टे कृतिकल्।

अनुवाद : भारत पर्यटनम् (मलयालम से हिन्दी), एवं इन्द्रजीत (बांग्ला से मल.),कोमल गान्धार (हिन्दी से मल.), प्रेम एक एलबम् (मल. से हिन्दी), कोच्ची के दरख्त (मल. से हिन्दी), अक्षर (कोंकणी से हिन्दी), सर्वेश्वर दयाल सक्सेनयुटे कवितकल् (हिन्दी से मल.), अमेरिका : एक अद्भुत दुनिया (मल. से हिन्दी), मलयालम की स्त्री कविता (मल. से हिन्दी), एंकिलुम् चिलतु बाकियाकुम (हिन्दी से मल.), आधुनिक हिन्दी कविता

(हिन्दी से मल.), असमिया कथकल (असमिया से मल.), नाटक जारी है (मल. से हिन्दी)।

पुरस्कार : बीस से अधिक राष्ट्रीय एवं अन्तरराष्ट्रीय पुरस्कार, साहित्य सम्मेलन, प्रयाग का सर्वोच्च सम्मान 'साहित्य वाचस्पति' से विभूषित।

भाषा की मिठास

हर शब्द अपने आसपास की हरियाली से
मिट्टी की गन्ध से पलता है;
इसलिए जब कभी मैं
अपनी भाषा का इस्तेमाल करता हूँ
तो मेरे आँगन के दरख्त से
एक चिरैया गाना शुरू करती है
आकाश भर में आसपास के बच्चों की
आवाज बुलन्द होती है।
मेरी भाषा से चिरैया खुश
बच्चे खुश
तमाम फूल-पत्तियाँ सिहरन से भरपूर।
पर मौसम के इस खुशमिजाज से
मैं पूरी तरह से खुश नहीं हूँ;
हमारे इलाके में कई ऐसे नुक्कड़ हैं
जहाँ के बड़े-बड़े पेड़ों में
कुछ चील नीड़ बनाये हुए हैं
उनकी तामझाम में पूरा इलाका
घिनौना नजर आता है।
मैंने इत्मीनान से उन्हें सुना
पर वे हमारी मिट्टी की गन्ध को
हमारी हरियाली को

हमारे बच्चों के सपनों को
शब्द नहीं दे सकते।
ये चील पंख पसारते हैं
अपना भाषाई रौब दिखाकर
जब पूरे इलाके के ऊपर उड़ने लगते हैं
हमारे कवियों
कुर्सी के आवेदकों
तमाम लाटसाहबों को लगता
चीलों की भाषा में दम है।
वे अपनी भाषा को भूलने लगते हैं
वे गलत भाषा का प्रयोग करने लगते हैं।
मैं अपनी चिरैयों से यही कहना चाहता हूँ
अपनी भाषा की मिठास को
चीलों के डर से तजना नहीं
इधर की हर घास की पत्ती में
तुम्हारी भाषा की मिठास है
चीलों को जाना ही है
तुम्हें यहीं रहना है
अपने शावकों को पालना है।
हमारा आकाश संकरा नहीं
गाते फिरो, पंख पसारते रहो
तुम्हारी भाषा की मिठास में
सब सराबोर हो जाये।

कठिन शब्दार्थ

दरख्त–पेड़; **चिरैया**–चिड़िया; **नीड़**–घोंसला; **सराबोर**–डूबना।